Paul Bokowski

Alleine ist man
weniger zusammen

MANHATTAN

Penguin Random House Verlagsgruppe FSC® N001967

Manhattan Bücher erscheinen im
Wilhelm Goldmann Verlag, München,
einem Unternehmen der Penguin Random House
Verlagsgruppe GmbH

7. Auflage
Erstveröffentlichung Mai 2015
Copyright © der Originalausgabe
2015 by Paul Bokowski
Copyright © dieser Ausgabe 2013
by Wilhelm Goldmann Verlag, München,
in der Penguin Random House Verlagsgruppe GmbH,
Neumarkter Str. 28, 81673 München
Die Nutzung des Labels Manhattan erfolgt mit freundlicher
Genehmigung des Hans-im-Glück-Verlags, München
Umschlaggestaltung und Konzeption:
Buxdesign | München
Satz: Uhl + Massopust, Aalen
Druck und Einband: GGP Media GmbH, Pößneck
Printed in Germany
ISBN 978-3-442-54757-9

www.manhattan-verlag.de

Inhalt

Anruf bei der Polizei

Polizist	Notruf der Berliner Polizei, Abschnitt 35, Schimanski.
Paul	Sie heißen Schimanski!?
Polizist	Ja, mein Name ist Schimanski. Rüdiger Schimanski. Was kann ich für Sie tun?
Paul	Ich hätte gern eine Nummer für kleinere Notfälle.
Polizist	Kleinere Notfälle?
Paul	Ja.
Polizist	Was sind denn kleinere Notfälle?
Paul	Na ja. Keine richtigen Notfälle.
Polizist	Sie hätten also gern eine Nummer für nicht richtige Notfälle.
Paul	Genau. Also nichts Lebensbedrohliches oder so.
Polizist	(Schweigen.)
Paul	Hallo?
Polizist	Ja. Ich bin noch dran.
Paul	Ich könnte auch später noch mal anrufen.
Polizist	Das ist sehr nett von Ihnen, bringt mir persönlich aber wenig.
Paul	Wieso?
Polizist	Ich sitz hier noch bis Mitternacht.
Paul	Nee. So lang wollte ich eigentlich nicht wach bleiben.
Polizist	Eben. Was für ein Notfall ist das denn?
Paul	Da ist ein Tier in meiner Küche.

Polizist	Was denn für ein Tier?
Paul	Ich glaube, ein Vogel.
Polizist	Können Sie den Vogel beschreiben?
Paul	Eher klein, von rundlicher Statur, gelbes Haar.
Polizist	Haar?
Paul	Fell.
Polizist	Fell?
Paul	Gefieder.
Polizist	Eher klein, von rundlicher Statur, gelbes Gefieder?
Paul	Richtig.
Polizist	Klein, dick und gelb?
Paul	Nicht dick. Rundlich.
Polizist	Rundlich?
Paul	Ja. Rundlich, aber nicht dick. Eher flauschig.
Polizist	Klein, flauschig und gelb?
Paul	Ja.
Polizist	Sie meinen ein Küken.
Paul	Vielleicht.
Polizist	Sie wissen schon, dass das der Notruf der Berliner Polizei ist?
Paul	Deswegen frag ich ja!
Polizist	Wonach?
Paul	Nach einer Nummer.
Polizist	Wofür?
Paul	Kleinere Notfälle.
Polizist	Sie rufen also an, weil ein Küken in Ihrer Küche sitzt?
Paul	Das kommt drauf an, was genau ein Küken ist.
Polizist	Sie werden doch wissen, was ein Küken ist.
Paul	Ich weiß, dass Küken kleine Hühner sind. Aber ich weiß nicht, ob das in meiner Küche auch ein Huhn

	ist, verstehn Se? Vielleicht ist es ja 'ne Gans oder 'ne Ente oder ein Adler. Sind denn kleine Gänse auch Küken?
Polizist	In welchem Stock wohnen Sie denn?
Paul	Im dritten.
Polizist	Wie soll denn ein Küken zu Ihnen in den dritten Stock gekommen sein?
Paul	Wir haben einen Aufzug im Haus.
Polizist	Ist das Ihre einzige Theorie?
Paul	Vielleicht ist es auch geflogen?
Polizist	Küken können nicht fliegen.
Paul	Vielleicht ist es ein hochbegabtes Küken?
Polizist	Seit wann haben Sie das Küken denn in Ihrer Küche?
Paul	Seit drei Stunden.
Polizist	Was haben Sie denn gemacht so lange?
Paul	Na, das Übliche.
Polizist	Das Übliche?
Paul	Gegoogelt.
Polizist	Da hockt ein Küken in Ihrer Küche im dritten Stock und das Erste, was Sie machen, ist zu googeln?
Paul	Eigentlich hab ich erst ein Bild gemacht. Für Facebook.
Polizist	Und? Hat's schon jemand geliked?
Paul	Ja. 86 Leute.
Polizist	Sehn Se. Ist doch halb so schlimm, so ein Küken in der Küche.
Paul	Aber was soll ich denn jetzt machen?
Polizist	Isses ein männliches oder ein weibliches Küken.
Paul	Keine Ahnung.
Polizist	Na schaun Se doch mal nach!

9

Paul	Ich fass doch kein fremdes Küken an!
Polizist	Was soll denn passieren?
Paul	Vielleicht beißt es mich.
Polizist	Küken könn' nicht beißen.
Paul	Aber picken. Und ich habe lange dünne Finger. Fast wurmartig, könnte man sagen.
Polizist	Sie gehn jetzt gefälligst in die Küche und gucken nach, ob es ein männliches oder weibliches Küken ist.
Paul	Nein.
Polizist	Doch.
Paul	Wieso überhaupt?
Polizist	Wenn das ein männliches Küken ist, dann schick ich garantiert keine Streife los. Bei einem weiblichen Küken würd ich mit mir reden lassen.
Paul	Was hat das denn mit dem Geschlecht zu tun?
Polizist	Wissen Sie nicht, was man macht mit männlichen Küken?
Paul	Wie? Was man macht?
Polizist	Na, was so passiert mit männlichen Küken.
Paul	Nee.
Polizist	Die werden zermust.
Paul	Zermust?
Polizist	Ja. Aus weiblichen Küken macht man Legehennen und Masthennen. Aus männlichen Küken macht man Mus. Für Tierfutter.
Paul	Und was mach ich, wenn das ein männliches Küken ist?
Polizist	Sind Sie bei der PETA?
Paul	Nee.
Polizist	Bei Greenpeace?

Paul	Nö.
Polizist	Deutscher Tierschutzbund?
Paul	Nein.
Polizist	Partei für Mensch, Umwelt und Tierschutz?
Paul	Auch nicht.
Polizist	Wird dieses Gespräch aufgezeichnet?
Paul	Nicht von mir.
Polizist	Dann würd ich an Ihrer Stelle eine große Pfanne nehmen und kurzen Prozess machen.
Paul	Ich werd doch kein kleines Küken töten!
Polizist	Essen Sie Hühnerfleisch?
Paul	Ja.
Polizist	Dann töten Sie Küken. Vierzig Millionen. Jedes Jahr.
Paul	Ich töte doch keine Küken.
Polizist	Sie nehmen das Töten von Küken wissentlich in Kauf.
Paul	Wissentlich bisher ja nicht.
Polizist	Sehn Se!
Paul	Mit 'ner Pfanne! Geht's noch!
Polizist	Aber Musmaschine ist okay oder was?
Paul	Bei so einem automatisierten Prozess finde ich das irgendwie weniger grausam.
Polizist	Weniger?
Paul	Ja. Weniger.
Polizist	Ham Se einen Mixer zu Hause.
Paul	Ja.
Polizist	Na bitte. Ist doch auch automatisiert.
Paul	Das ist auch grausam. Da muss ich das Küken ja erst reintun, Deckel drauf und dann selber auf den Knopf drücken.

Polizist	Ach, und wenn jemand anders draufdrückt, is' aber okay?
Paul	Ja.
Polizist	Oder wenn das Ding von allein anspringt?
Paul	Noch besser.
Polizist	Ham Se eine Zeitschaltuhr zu Hause?
Paul	Geht's noch?
Polizist	Oder Sie gehn zu Lidl.
Paul	Was soll ich denn bei Lidl?
Polizist	Sie nehm' das Küken. Setzen es in den Leergutautomaten. Zack. Mus!
Paul	Sind Sie verrückt? Am Ende geht der Automat kaputt und ich darf blechen.
Polizist	Was soll denn da kaputtgehen? Außer dem Küken.
Paul	Kann das nicht jemand anders machen?
Polizist	Wer denn?
Paul	Na, die Polizei.
Polizist	Die Polizei kann doch kein kleines Küken töten. Was glauben Sie, was da los ist, wenn das rauskommt?
Paul	Wir könn' doch so tun, als hätte Sie das Küken angegriffen. Warnschuss eins. Warnschuss zwei. Querschläger. Küken tot.
Polizist	Ich hab jetzt keine Lust mehr.
Paul	Könn' Sie nicht vorbeikommen?
Polizist	Nee.
Paul	Von mir aus auch nach dem Dienst? Sie nehm' das Küken einfach mit und regeln das für mich. Bitte.
Polizist	Nein.
Paul	Bittebitte.
Polizist	Nein.

Paul	Bittebittebitte.
Polizist	Hörn Se, ich leg jetzt auf.
Paul	Das dürfen Sie doch gar nicht.
Polizist	Was?
Paul	Na, auflegen.
Polizist	Warum sollte ich das nicht dürfen.
Paul	Na juristisch. Sie als Polizist vom Notruf.
Polizist	Das stimmt. Normalerweise.
Paul	Was heißt denn normalerweise.
Polizist	Na, eigentlich darf ich das nicht. Außer bei kleineren Notfällen.

(Ende der Szene)

Lausche, was wandert

Man darf's ja so laut gar nicht sagen, aber wo wir doch gerade unter uns sind: Ich gehöre schon ganz klar zu den Leuten, die ein bisschen klüger sind als alle anderen. Da muss man schon ganz ehrlich mit sich sein. Will zwar keiner hören, ist aber so: Ich weiß eigentlich alles ein bisschen besser als der Rest. Da kommt's auch gar nicht darauf an, wovon genau die Rede ist: frühmittelalterliche Dichtung, Nuklearmedizin, Byzantinistik oder Geschlechtskrankheiten subtropischer Tierarten. Ich, im Kopf immer verschränkte Arme, rechte Augenbraue ganz weit oben und ein bisschen Überlegenheit im Gesicht.

Je weniger ich von irgendwas verstehe, umso mehr weiß ich Bescheid. Auch immer noch ein bisschen mehr als alle anderen. Da könnte man jetzt sagen: »Geht doch gar nicht! So rein logisch.« Aber glauben Sie mir mal. Ich weiß schon, wovon ich rede.

Sie müssen wissen: Die Leute sehen das ja auch, dass man weiß. Und dass man weiß, dass sie wissen. Wenn ich dem Dirk vom Hornbach sage, dass die neue Waschmaschine immer wandert, wegen der Dielen, dann weiß ich doch sofort, dass er denkt: »Das weiß ich aber besser. Nicht wegen der Dielen, sondern weil die Beinchen falsch justiert sind.« Und wenn der Dirk vom Hornbach mir dann eine Unterlegmatte für die Waschmaschine verkaufen will, dann weiß ich: »Hilft mir zwar bei Beinchen, aber nicht bei Dielen.« Das weiß ich eben besser als der Dirk. So eine Unterlegmatte macht doch alles nur noch schlimmer. Aber weil ich weiß, dass Dirk weiß, dass ich weiß, kaufe ich trotzdem eine, damit er nicht denkt, ich wüsste … na, Sie wissen schon.

Is' ja auch gut, so was mal im Haus zu haben. Damit falls einer sagt: »Kauf dir mal 'ne Unterlegmatte!«, ich gleich sagen kann: »Hab ich schon. Wusste ich gleich, dass das nichts bringt.«

Soweit ich weiß, geht das mit der Waschmaschine schon ein Weilchen so. Anfangs nur ein kleines bisschen. Da ist die Waschmaschine morgens nicht mehr neben dem Kühlschrank gestanden, sondern hinten rechts bei der Spülmaschine. Hatte ganz plötzlich angefangen. Wobei: So ganz genau wissen kann ich das ja nicht. Könnte gut sein, dass die Waschmaschine schon länger gewandert ist. Nur eben sehr unauffällig. Immer raus aus ihrer Nische, einmal rund um den Küchentisch und wieder zurück in ihre Nische. Ich hab da ja kein Auge für. Mir fällt so was immer nur rückblickend auf. Mir ist sogar so, als sei die Waschmaschine eines Morgens im Wohnzimmer am Fenster gestanden. Glaube ich. Nicht so lange. Zwei, drei Tage vielleicht. Und dann wieder zurück. Aber Achtung: Ich, anfangs ja noch voll der Besserwisser. Da hab ich gedacht: Kann doch gar nicht sein.

Und dann, letzte Woche, das weiß ich noch ganz genau, bin ich morgens aufgewacht, und was seh ich, draußen am Balkon? – Die Waschmaschine! Hat die ja nicht wissen können, dass die Balkontür immer gleich zufällt und man von draußen nicht mehr reinkommt. So ganz ohne Arme. Aber was erwartet man auch? Ist ja nur 'ne Waschmaschine.

Aber interessant, weil ganz wichtige Erkenntnis: Besserwisser-sein gleich voll das Familiending. Als ich nämlich meinem Vater erzählt habe, dass die Waschmaschine über Nacht auf den Balkon gewandert ist, also von der Küche durch den Flur, Schlafzimmertür auf, Schlafzimmertür zu, vorbei am Bett, Balkontür auf und über die Schwelle raus an die frische Luft, da hat er nur gesagt:

»Kann doch gar nicht sein.« Aber unter uns: Musste er ja sagen. Weil die Beinchen von der Waschmaschine hatte mein Vater justiert.

Mutter dagegen wieder total weiblich-irrational. Wie das denn gehen soll, dass eine Waschmaschine Türen aufbekommt? Aber da muss man als Besserwisser schon ein bisschen Nachsicht haben. Auch mit der eigenen Mutter. Die hat halt nur 'ne alte Bauknecht zu Hause. Die hat bestimmt schon zwanzig Jahre auf dem Buckel. Klar, dass die keine Türen aufbekommt.

Vater hatte dann trotzdem noch einen Tipp auf den Lippen. Er sagte: »Olivenöl unter die Beinchen.« Hab ich nicht verstanden, warum. Aber so gute Ratschläge am besten gar nicht hinterfragen, sondern lieber ein bisschen Wind aus den Segeln nehmen.

Mutter eher so der Fachmann für Antitipps. Aber Empathie: top. Und gute Absichten sowieso. Also gar nicht erst versuchen, das Problem zu lösen, sondern lieber effektiv daran arbeiten, das Problem nicht noch wesentlich schlimmer zu machen. Mutter sagte, ich solle bloß keinen ganzen Weißkohl in die Trommel legen. Hab ich auch nicht ganz verstanden, wie sie darauf kam. Drei Stunden später hat dann der Bruder meiner Mutter angerufen. Hat mir gesagt, ich solle einfach bei jeder Wäsche einen ganzen Weißkohl mit in die Trommel legen.

Letzten Freitag gegen acht dann ein Klingeln an der Tür. Der Betreiber vom Wettbüro gegenüber. Ich möge doch bitte kommen und meine Waschmaschine wieder abholen.

Als wir kurze Zeit später gerade auf dem Weg nach Hause waren, die Waschmaschine und ich, holte uns Frau Paszellak vom Penny ein. Sie bekäme noch acht Euro für meinen Einkauf gestern Nachmittag. »Welchen Einkauf?«, fragte ich. Aber Frau Paszellak wusste, dass ich wusste, und deutete stumm auf die Einkäufe in meiner Waschmaschine. Ich deutete stumm zurück auf den 10-Euro-Schein im Weichspülerfach.

Letzte Nacht ein Anruf von der Bundespolizei. Man hätte in der Nähe von Görlitz eine Waschmaschine aufgegriffen. In der Waschtrommel ein paar Stangen Zigaretten und ein verwaschener Einkaufszettel mit meinem Namen drauf. Ob das meine Waschmaschine sei. »Ich weiß nicht, wovon Sie reden«, habe ich gesagt. Aber ich wusste, dass der Polizeibeamte wusste, dass ich wusste. Aber dass ich wusste, dass er wusste, dass ich wusste, na das, das muss der mir erst mal beweisen.

Im Quergebäude nebenan wohnt seit vielen Jahren eine alte Dame. Rita Schoblinsky. Die arme Frau hat eine sehr seltene Erkrankung: Ihre Unterarme sind an ihrem Fensterbrett festgewachsen. Mehrmals täglich ruft die Rentnerin nach ihrer langjährigen Freundin Herta Kemper aus dem gegenüberliegenden Seitenflügel.

Hinterhof, mon amour: Frühlingsgefühle

Rita   Herta!

Herta   Wat'n?

Rita   HERTA!

Herta   Ja, wat'n?

Rita   Komm doch ma' ans Fenster!

Herta   Jaja. Wat is'n los?

Rita   Herta… ick gloob, ick hab mir verliebt!

Herta   Wat haste?

Rita   Mir verliebt!

Herta   Biste dir sicher?

Rita	Klar bin ick mir sicher. Sowat merkt man doch!
Herta	Woran merkst'n ditte?
Rita	Na, die Pumpe, Herta! Wie's da so rumpelt! Und der Magen, als hätt ick Miniermotten inner Wampe! Und die Rübe! Janz heiß is' mir obenrum.
Herta	Ach Rita, so war dit bei dem Rudi doch auch damals!
Rita	Na, siehste!
Herta	War aber keene Liebe! War Krebs!

Von einem, der einzog, das Fürchten zu lernen

»Maxi! Maxi! Guck ma', Maxi. Das ist der Paul!«

Ich halte es für ein frühes, aber sicheres Anzeichen einsetzenden Wahnsinns, wenn Menschen ihren Haustieren andere Menschen vorstellen.

»Sag doch mal ›Hallo‹!«

Kurz bin ich mir nicht sicher, ob die vierzigjährige Werbe-
texterin namens Sabine mit ihrer Katze, ihrem Lebensgefährten oder mir spricht. Verunsichert stehe ich auf der Türschwelle
einer Schöneberger Altbauwohnung und starre in den herrschaftlichen Flur. Was ich im ersten Moment für knöcheltiefe Auslege-
ware hielt, entpuppt sich bei näherer Betrachtung als ein nahezu
lückenlos mit Katzenspielzeug bedeckter Dielenfußboden, in dessen Mitte eine adipöse, bunt gescheckte Hauskatze liegt und recht
unmotiviert »Schneeengel« spielt.

»Wollen wir den Paul nicht reinlassen?«

Sabine und Daniel haben ihr Gepäck neben der Wohnungstür
gestapelt. In drei Stunden geht ihr Flug nach Mykonos. Sieben
Tage lang werde ich hier einkehren: Wohnung hüten, Blumen
gießen, Katze füttern. Für dreißig Euro pro Tag. So ist das, liebe
Kinder, wenn man Bücher schreibt.

Noch immer ist mir nicht ganz klar, wie Sabine und Daniel
ausgerechnet auf mich gekommen sind.

»Du, die Frida, die hat ja total von dir geschwärmt!«, sagt
Sabine.

»Total!«, schiebt der devote Daniel hinterher.

»Welche Frida?«, denke ich.

Kurz steigt die Befürchtung in mir auf, dass Sabine von diesem hellgrauen Windhund sprechen könnte, den ich letztes Jahr für drei Wochen in meiner Obhut hatte. Wer mit Katzen spricht, der schwört auch auf persönliche Empfehlungen von zuckerkranken Zuchthunden.

»Du kannst doch gut mit Katzen?«, fragt Sabine.

Kurz muss ich an das missliche Ereignis denken, als mir mit elf Jahren ein reinweißes Rosettenmeerschweinchen von einer Fußgängerbrücke auf die A40 gefallen ist.

»Mit Katzen kann ich super!«, sage ich.

Da im Stockwerk über mir gerade kernsaniert wird, kann ich eine Woche Schöneberg ziemlich gut gebrauchen.

»Du, die Maxi, die ist eine ganz, ganz Nette!«, sagt Sabine.

»Total nett!«, bestätigt Daniel.

»Miau, miau!«, macht die Katze.

»Du, die Maxi, die hat noch nie gebissen!«, versichert mir Sabine.

»Noch nie!«, bekräftigt Daniel.

»Miau, miau«, macht Maxi.

Auf dem Balkon beobachten die Katze und ich, wie Sabine und Daniel ihr Gepäck in einen Mietwagen laden. Als das sportliche Gefährt sich langsam in Bewegung setzt und kurz darauf hinter der nächsten Ecke verschwindet, wende ich mich Maxi zu: »Auf gute Zusammenarbeit!«, sage ich. Kurz versichert sich die Katze, dass der Mietwagen auch wirklich außer Sichtweite ist. Dann beißt sie mich.

Erster Tag
Nachdem ich mich gestern Abend mit blutenden Knöcheln ins Schlafzimmer flüchten konnte und Maxi das Kratzen und Scha-

21

ben an der Tür gegen vier Uhr morgens eingestellt hat, war es abgesehen von den spanischen Touristen in der Ferienwohnung nebenan eine ausgesprochen ruhige Nacht. Im Morgengrauen bin ich der Katze im Badezimmer begegnet. Das stolze Tier saß anmutig und verschlagen auf dem breiten Waschtisch. Als ich mich behutsam nähere, verteidigt Maxi ihre territorialen Besitzansprüche dadurch, dass sie sich anmutig in meinen offenen Kulturbeutel erbricht.

Mit langsamen, bedächtigen Schritten habe ich rückwärts den Weg in die Küche gefunden. Zähne putzen über dem Spülbecken mit Backpulver und Zeigefinger. Nach anfänglichem Zögern das Geschäft über dem Feuilletonteil der FAZ verrichtet. Das warme Päckchen mit dem Gesicht von *Akif Pirinçci* liegt in einem Ziploc-Beutel in der Tiefkühltruhe. Leider zu spät realisiert, dass in der Küchentür eine Katzenklappe installiert wurde. Notdürftige Wundversorgung mit Küchenkrepp und Frischhaltefolie. Maxi hat jetzt Blut geleckt. Meins.

Zweiter Tag

Sofern ich Socken und Schuhe anbehalte und zwei bis drei Hosen übereinanderziehe, kann ich mich in der ganzen Wohnung frei bewegen. Die Katze folgt mir und kommentiert meine Handlungen wahlweise mit einem wohlgemeinten »Miau« oder nonverbaler Kommunikation in Form von unmissverständlichen Angriffen auf meine Kniekehlen. Gegen Mittag den Versuch unternommen, die Sympathien des Tieres durch das Zufüttern ausgewählter Köstlichkeiten zu gewinnen. Die Katze gibt sich von meiner Kampfmontur aus Frotteebademantel, Ofenhandschuhen und Grillzange unbeeindruckt. Eine klaffende Wunde an meiner rechten Hand wird mich daran erinnern, dass Maxi keine Putenleber mag. Habe die Nacht in der nur bedingt komfortablen

Speisekammer verbracht. Zum Glück gab es warmes Bier, Lebkuchenbruch, eine bunte Mischung abgelaufener Medikamente und kostenloses WLAN.

Dritter Tag

Ich habe verschlafen. Ein misslicher Umstand, der entweder dem Defizit der letzten Nächte oder aber dem hohen Blutverlust seit meiner letzten Begegnung mit Maxi geschuldet ist. Dabei liegt es mir fern, das arme Tier dafür verantwortlich zu machen. Allem Anschein nach hat sich in die illustre Sammlung farbenfroher Pillen, die ich letzte Nacht im Halbdunkel der Speisekammer in suizidaler Absicht eingeworfen habe, neben einer wirkungsrelevanten Menge weiblicher Geschlechtshormone und vier ranziger Lachsölkapseln auch der eine oder andere Blutverdünner verirrt. Nachdem es Maxi unter mysteriösen Umständen gelungen ist, geräuschlos die Tür der Speisekammer zu öffnen, weckt mich die vollleibige Katze, indem sie sich in guter Absicht auf mein Gesicht legt.

Vierter Tag

Maxi scheint ohnehin immens gebildet in der menschlichen Anatomie zu sein. Als ich es mir nach der frühmorgendlichen Raubtierfütterung und dem ausgiebigen Blumengießen um die Mittagszeit im Wohnzimmer gemütlich machen will und mir beim Lesen auf der vom Sonnenlicht gefluteten Couch die Augen zufallen, erwache ich wenige Minuten später mit einer Pfote auf meinem Mund und einer spitzen Kralle an meiner Halsschlagader. Daraus schließe ich, dass das Sofa ab jetzt für mich tabu ist.

Fünfter Tag

Zum ersten Mal scheint die Katze anstandslos mit meinem Tagewerk zufrieden zu sein. Ich habe alle meine Aufgaben gewissenhaft erfüllt. Außerdem vermeide ich gezielt hastige Bewegungen, mache einen großen Bogen um das Sofa, esse natürlich erst, wenn Maxi fertig ist, und ziehe mich bei Bedarf in den großen Kleiderschrank im Schlafzimmer zurück. Die Wunden an Händen und Füßen sind annähernd verheilt.

Sechster Tag

Maxi und ich haben den ganzen Vormittag mit einem großen Karton im Wohnzimmer gespielt. Ich bin unglaublich froh, dass wir uns endlich gut verstehen. Ich hätte den ganzen Tag so weiterspielen können. Am Abend bekam ich frische Putenleber und ein halbes Schälchen Biojoghurt. Zufrieden schnurrend bin ich zügig eingeschlafen.

Siebter Tag

Sabine und Daniel sind wieder da! Stundenlang sind wir den beiden liebkosend um die wohlgebräunten Beine gestreift. Jetzt liegen wir gemeinsam auf dem Sofa, lassen uns die Bäuche kraulen und lecken uns das Fell. Hoffentlich, sagt Maxi, fahren sie niemals wieder weg.

Ein Jahr später

»Maxi! Paul! Guckt mal ihr beiden! Das ist die Clara!« Ich halte es für ein frühes, aber doch sehr sicheres Anzeichen einsetzenden Wahnsinns, wenn Menschen ihren Haustieren andere Menschen vorstellen. »Jetzt sagt doch mal ›Hallo‹!«

Kuck mal, was da schwimmt

Besonders aus Sicht der Toilettenschüssel mag es ein äußerst ungewohnter Anblick gewesen sein: drei erwachsene Menschen, noch dazu Mutter, Vater und Sohn, in trügerischer Harmonie vereint, ihre Köpfe tief gesenkt über die restwarme weiße Klobrille. Dabei muss dieses etwas ungewohnte Szenario als familientherapeutischer Fortschritt gewertet werden. Denn dreißig Minuten lang hatten mein Vater und ich beständig und mit den süßesten Überredungskünsten auf meine Mutter eingeredet, die sich seit den frühen Morgenstunden in meinem Badezimmer verschanzt hatte. Nun endlich hatten wir Einlass erhalten und begutachteten, in gemeinschaftlicher Ehrfurcht versunken, die Ursache für dieses sonderbare Verhalten: ein wachteleigroßes dunkelbraunes, rundgeformtes Stück – nun ja – menschlichen Unrats. Im Grunde, vor allem aus proktologischer Sicht, ein völlig mustergültiges Exemplar. Formschön, gleichmäßig in Farbe und Struktur, aber ganz augenscheinlich und zu unserer großen Überraschung deutlich leichter als Wasser.

Wir fanden Mutter aufgelöst. Verloren in einem Zustand aus Scham, Wut und Verzweiflung, als hätte ihr eine höhere Macht plötzlich, unerwartet und völlig grundlos ein unsagbares Leid angetan:

»Und der Wille des Herrn kam über Hiob, auf dass sein Vieh in dem Stall verendete, sein Korn auf dem Feld verdorrte und sein Stuhl nicht mehr zu Grunde sank.«

Im Minutentakt hatte Mutter die Spülung betätigt. Immer

25

und immer wieder. Und jedes Mal war das verfluchte Ding wieder nach oben gestiegen und tänzelte zu allem Überfluss frech und hämisch auf der Wasseroberfläche. Und wie zum Beweis drückte sie abermals die Klospülung. Tatsächlich! Eine kleine braune Boje. Nun schien Vater an der Reihe. Als sei das Betätigen einer Klospülung ein höchst kompliziertes Verfahren, für welches nicht nur besondere Fachkenntnisse, jahrelange Erfahrung, eine gehörige Portion gottgegebenes Talent und natürlich das richtige Geschlecht vonnöten waren, schob er die Hand meiner Mutter lässig beiseite, rieb sich kurz die Hände und drückte fachmännisch den weißen Hartplastikknopf. Doch wieder trat, nach rauschenden Sekunden, das kleine Corpus faekalii in Erscheinung. Erwartungsvoll blickten Mutter und Vater nunmehr in meine Richtung. Nach mehrmaligem auffordernden Nicken meines Vaters rollte ich kurz mit den Augen und betätigte den Spülknopf. Doch auch von mir gab der kleine Knöterich sich unbeeindruckt. Mutter stöhnte auf.

Nachdem wir das Fallobst ihres Leibes lange ungläubig bewundert hatten, war es mein Vater, der die andächtige Stille mit einer sehr rücksichtsvollen Bemerkung durchbrach:

»Was hast DU denn gegessen?«, fragte er und beäugte meine Mutter skeptisch.

»Und was ist mit dem Rest passiert?«, schob ich hinterher, weil ich kaum glauben konnte, dass nur einer der kleinen Racker die wunderliche Fähigkeit zu schwimmen erlernt haben sollte. Mutter schlug jaulend ihre Hände vors Gesicht.

Für meinen Vater war die Sache klar: »Mehr Wasser!«, rief er lautstark aus. Keine fünf Minuten später umringten wir abermals den schwimmenden Störenfried in seinem Keramikbecken. Nachdem Mutter von drei heruntergezählt hatte, presste sie ihre Hand so fest es ging gegen den Spülknopf, während Vater aus einem großen Nudeltopf und einem leeren Blumenkasten zwei breite Bäche in die Schüssel ergoss und ich mit weit ausgestreckten Armen die Distanz zwischen Badewannenarmatur und Klo überbrückte und mittels einer Duschbrause, nahezu blind, zwei Dutzend dicke Wasserstrahlen ins Getümmel schoss. Nachdem sich die Gischt gelegt hatte, machte sich Ernüchterung breit. Ein neuer Plan musste her.

Mutter berichtete, vor unserem Eintreffen mittels mehrerer Lagen Klopapier hoffnungsvolle Ergebnisse erzielt zu haben. Also ergriff jeder von uns frohen Mutes eine Rolle und legte reihum immer ein einzelnes Blättchen auf das schokoladenbraune Treibgut. Immer und immer wieder, bis es den sonderbaren Anschein erweckte, als läge eine große nasse Ravioli in meiner Kloschüssel. Wieder zückte man Blumenkasten, Nudeltopf und Duschbrause, und siehe da: Die gut dreißig Blätter waren im Äther des Abflusses verschwunden, einzig die Mozartkugel aus Dung drehte im winzigen Wasserbecken seelenruhig ihre Runden.

»Oberflächenspannung!«, rief mein Vater aus, eilte in die Küche und kehrte zu unserer großen Überraschung mit einem Salzstreuer zurück. Kurz stieg der Gedanke in mir auf, dass eines fernen Tages, in vielen, vielen Jahren, während vor dem inneren Auge des alten Greises im Hospizbett neben mir sein ganzes Leben ablief, ich nur würde daran denken können, wie mein Vater damals in meiner Jugend zwei Minuten lang meine Kloschüssel salzen musste.

Als auch dieses Experiment ergebnislos zu Ende ging, machte ich den Vorschlag, über Weihnachten ans Tote Meer zu fahren. Erhielt für diesen gut gemeinten Vorschlag, während Vater abermals in meine Küche verschwand, allerdings nichts weiter als einen unfreundlichen Rüffel meiner Mutter.

»Dein Vater ist Chemiker«, zischte sie. »Der wird schon wissen, was er tut.«

Sie musste jedoch beschämt ihr Haupt senken, als Vater mit einer großen Flasche Olivenöl zurückkehrte.

»Bloß nicht das Olivenöl!«, rief ich.

»Auf dem Kühlschrank steht noch Rapsöl!«, sagte Mutter.

»Das ist abgelaufen!«, verteidigte sich Vater.

»Ist doch scheißegal!«, antwortete Mutter, thematisch treffend formuliert.

Was nun folgte, ähnelte einer der frühen Ausgaben der Knoff-Hoff-Show. Nachdem Vater einen halben Liter Rapsöl in das Toilettenbecken gekippt hatte, trieb das renitente Praliné munter auf dem neu entstandenen Horizont zwischen Wasser und Öl. Mutter klopfte Vater anerkennend auf die Schulter, während ich versuchte – ganz unauffällig – ein Foto für Facebook davon zu machen.

»Und wie kriegen wir das Öl wieder aus der Toilette?«, jammerte ich.

»Eis!«, rief mein Vater.

Mutter schlug ihm daraufhin mit der flachen Hand auf den Hinterkopf und dann mit der Faust auf den Spülknopf. Das Öl verschwand so schnell, wie es gekommen war. Einzig das exzentrische Exkrement kam unbeschadet davon.

Mittlerweile war es Nachmittag geworden. Das Kotbällchen war nicht totzukriegen.

»Ich geh jetzt googeln!«, sagte Mutter mit einem störrischen Tonfall in ihrer Stimme.

»Wir müssen Feuer mit Feuer bekämpfen!«, rief ihr mein Vater hinterher.

»Ich hab doch heute schon!«, schallte es zurück.

»Ich muss immer erst abends«, entgegnete ich ungefragt, aber wahrheitsgemäß.

»Wer soll denn dann?«, fragte Vater.

»Na du!«, sagte ich.

»Dein Vater kann nur, wenn er Kaffee getrunken hat«, rief es aus dem Wohnzimmer.

Während Vater ein paar Minuten später Milch und Zucker in seinen Kaffee schüttete, ließ ich Pürierstab, Teesieb und Schöpfkelle unauffällig im Wäscheschrank verschwinden.

»Wasser ist zu dünnflüssig!«, rief Mutter durch die Wohnung.

Dann war da dieses Funkeln in ihren Augen. Zehn Minuten später kam sie mit einer großen Schüssel einer seltsamen Masse zurück ins Badezimmer, die aussah, als hätte jemand Pfannkuchenteig mit Toastbrot, Kaffeesatz und Haferflocken vermengt.

»Was ist das denn?«, rief ich angeekelt aus.

»Pfannkuchenteig mit Toastbrot, Kaffeesatz und Haferflocken«, antwortete Mutter stolz und kippte die braungraue Masse in das Toilettenbecken. »Und jetzt fünfzehn Minuten gehen lassen«, sagte sie.

Wir hatten einen Punkt erreicht, an dem Wahnsinn und Humor nicht mehr auseinanderzuhalten waren.

Hinterhof, mon amour: Gute Tage

Rita   Herta!

Herta   Ja, wat'n?

Rita   Kiek ma, der Bokowski!

Herta   Wat denn, wat denn, jetzte schon?

Paul   Tach, die Damen!

Rita   Wat machen Sie denn schon auf den Beinen?

Paul   Bitte?

Herta   Na, is' doch noch nicht ma' zehne rum! Dit is' doch jar nich' Ihre Zeit!

Paul   Tja, mich hat gestern Abend die Muße geküsst. Also hab ich durchgemacht. Gibt so Tage bei uns Künstlerpack.

Rita   Kann ick mir ja jar nich' vorstellen!

Paul   Was?

Rita   Wie so'n Tach bei Ihnen ausschaut.

Paul   Na, kommt drauf an, ob's 'n guter oder 'n schlechter Tag ist.

Herta   Na, denn schießen Se ma los!

Paul   Na, ich steh auf, geh duschen, putze Zähne, zieh' mir einen frischen Schlüpper an, und während die Kaffeemaschine das Wasser warm macht, guck ich kurz ins Internet.

Rita   Und dann?

Paul   Dann ist auf einmal 15.00 Uhr.

Herta   Aha. Und wie sieht'n *guter* Tach aus?

Paul   Das *war* der gute Tag!

Der Schwabe

Frei nach Edgar Allan Poe

Einst an einem Mittwoch gräulich, da daheim ich hockte, maulig,
träge über manchem alten Selfie der verlorenen Affär',
da der Trieb schon kam gekrochen, scholl auf einmal dieses Pochen,
gleichwie wenn ein schmaler Knochen pochte mir vom Schritte her.
»Es ist die Lust wohl«, raunte ich, »die da schwillt so pochend zu mir
her.
– Gleich, mein Ding, besorg ich's mir!«

Ja, ich kann's genau bestimmen, vor zwei Tagen war's beim Schwimmen,
und der Sonne heißes Glimmen machte mir die Sinne schwer.
Brünstig wünscht ich mir Verkehr, fand bei Tinder doch nur schwer
einen Mann zum Trost der Sorgen, ob wohl Stephan glücklich wär.
Ob mein Stephan, längst verloren, bei Matthias glücklich wär.
Bei Matthias, hier nicht mehr!

Und der fleischig weiche Drang in dem purpurnen Behang
füllt', durchwühlt' sich mit Begehren, wie ich's nie gefühlt vorher.
Also dass ich den, wie tollen, Hilferuf musst' wiederholen:
»Will Besuch nur, der ohn' Grollen, in den Wedding kommt – zu mir.
Nur ein später Gast zum Fummeln, ist das mittwochs denn so schwer?
– Etwas Sex, nichts weiter mehr!«

Eine Nachricht stoppt' mein Bangen, und so sprach ich unbefangen:
»Bock, du Sau? Ich warte gierig! Komm doch einfach her zu mir;

fummeln, knutschen, Liebe machen, gerne auch Geschlechtsverkehr!
Auf dass morgen einem von uns beiden fällt das Laufen sichtlich schwer!
Doch nun sag, mein holder Retter, wo im Kieze kommst du her?
Nebenan!? – Ich werd' nicht mehr!«

In den Bildschirm späht' ich lange, zweifelnd, wieder seltsam bange,
Träume träumend, wie kein Rausch sie je erträumte wohl vorher!
Doch der Fremde gab kein Zeichen, keine Nachricht wollt' erreichen
meine Sehnsucht, mocht' nicht weichen. War die Antwort denn so
        schwer?
Plötzlich tat sich auf ein Fenster. »Gut. Ich komm«, verriet es mir.
»Gut. Ich komm.« – Nichts weiter mehr!

Da ich nun Erlösung ahnte und mein Herz wie Feuer brannte,
hört' ich abermals das Pochen, deutlich lauter als vorher.
»Nicht mehr lang!«, ich flüsternd sprach. »Gleich kommt einer und hilft
        nach!
Er ist schon auf seinem Wege. Ja, ich weiß du freust dich sehr.
Schweig jetzt still, mein guter Penis, ist das Warten denn so schwer?
Hör, da läutet's! Bitte sehr!«

Auf warf ich die Wohnungstüre, als vom Flur herein zu mir
schritt ein stattlich stolzer Schwabe wie vom Prenzelberge her;
grüßen lag ihm nicht im Sinne, keinen Blick lang hielt er inne.
Mit dem hochgestellten Kragen flog durch meine Wohnung er!
Ließ im Schlafzimmer sich nieder, arrogante plumpe Glieder, seine Hose
        öffnet' er,
starrt' mich an – nichts weiter mehr.

Dieses Polohemdenwesen ließ die Wollust rasch genesen,
ließ mich grinsen ob der Miene, die es zog so cool und schwer:

»Willst du erst mal etwas trinken? Lass mich schauen, was ich habe.«
»Ach, warum denn bloß ein Schwabe!?«, dacht' ich still und grämt' mich
sehr.
»Sag, wie war noch gleich dein Name? Das Erinnern fällt mir schwer.«
Sprach der Schwabe: »Kämscht jetzt her?«

Staunend hört' dies spröde Klingen ich dem Schwaben sich entringen,
gleich als schütt' die plumpe Seele aus in diesen Worten er.
Weder Small Talk noch Geplänkel kam vom BWLer-Wesen,
bis ich fühlte mich genesen, eine Antwort fiel nicht schwer.
Doch dann ragte dieser Besen aus dem Schritte zu mir her!
Sprach der Schwabe: »Willscht Verkehr?«

Einen Augenblick erblassend, ob der Antwort, die so passend,
sagt' ich: »Fraglos ist dies größer, als ich's je geseh'n vorher:
Diese Waffe macht Gemetzle. Großer Gott: Das nenn ich Spätzle!
Würd' mich glatt daran versuchen, aber glaub mir bitte sehr,
bin ich selbst doch eher aktiv. Ganz besonders im Verkehr.«
Sprach der Schwab': »Dann blas ihn mir!«

Doch was Geiles ich auch dachte, dieses Ding mich schüchtern machte.
»Lass dir sagen, guter Schwabe, auch das Maultaschengehabe
liegt mir wenig. Das Devote ist nicht meine beste Note.
Gleichklang ist's, den ich begehr. Wie du mir, so mach ich's dir.
Küssen wär' ein guter Anfang, Zärtlichkeiten lieb' ich sehr!«
Brüllt' der Schwab': »Geschlechtsverkehr!«

»Nehm' ich jetzt den letzten Zweifel, ganz egal ob Tier, ob Teufel?
Ob ihn Stuttgart zu mir sandte, ob der Breisgau blies ihn her?
Kann ich dieses Ding bezwingen? Kann das Kunststück mir gelingen?«
Die Gedanken kreisten eilig, und Besorgnis lag in mir!

Hätt' ich Stephan doch behalten, wär' doch er stattdessen hier!
Doch die Liebschaft ward nicht mehr.

»Sei denn dies mein Anpfiffzeichen«, dacht' ich, »Penis ohnegleichen!«
Doch kaum rührte ich daran, hatt' mich nicht mal ausgezogen,
fing das Ding zu zucken an, und in kleinen nassen Bogen
quoll's aus seiner prallen Spitze auf den Dielenboden schwer.
»Besen, Besen, sei's gewesen. Kürzer ging es wohl nicht mehr!«,
sprach' ich laut und lachte sehr.

Doch der Schwabe rührt' sich nimmer, lag und schnauft' und zuckt'
                    noch immer
auf der weißen Betteskante, deutlich kleiner als vorher.
In dem fahlen Schritte schmollt' sein kleines Knopferl eingerollt.
Und das Licht warf keinen Schatten: Denn sein Stolz lag müd' und
                    schwer
und es hob sich aus den Schenkeln, steif und hart als wie vorher,
dieses Prachtstück nimmermehr!

Das Mitbringsel

»Solln wir dir eigentlich was mitbringen?«, erreichte mich eine SMS von Regina in der dritten Woche ihrer Abwesenheit. Vier Wochen lang sollte ich Günther und Reginas Blumen gießen, während die beiden einen sommerlichen Anteil ihres wohlverdienten Ruhestands in Bolivien verbrachten.

»Neinnein«, schrieb ich kurz zurück. Tatsächlich war mir der Aufenthalt auf ihrer herrschaftlichen Dachterrasse über den Dächern Kreuzbergs Dank genug.

»Sicher?«, erkundigte sich eine zweite Textnachricht.

»Jaja. Alles super!«, tippte ich in mein Telefon.

»Tja. Zu spät«, antwortete Günther.

»Wir haben dir was mitgebracht!«, schallte Reginas Stimme eine Woche später durch den Flur, als mir Günther, wohlgebräunt, die Tür öffnete.

»Willkommen zu Hause«, begrüßte ich ihn.

»RENN!«, flüsterte er. »Renn so schnell du kannst!«

»ÜBERRASCHUNG!«, schrie Regina und sprang mit einem großen Satz hinter dem Bücherregal hervor. »Ein bolivianischer KUMMERKÜRBIS!«, verkündete sie feierlich.

Eine stille Sekunde des Entsetzens verging, bis mein Gehirn den ersten optischen Eindruck verarbeitet und eine adäquate Antwort auf den Weg geschickt hatte:

»Oh!«, sagte ich.

In Reginas Armen lag ein buntes, glitzerndes, strassbesetztes

Gebilde. Ein hässliches Mischwesen aus mexikanischer Piñata, einer von Hipstern umstrickten Riesenzucchini, einem erigierten Blauwalpenis und dem rechten Unterarm von Wolfgang Petri.

»Mama, Mama, was hat der Mann da?«, rief ein fünfjähriges Kind von der anderen Straßenseite zu mir herüber, als ich eine Stunde später aus dem kühlen Altbau heraus auf den belebten Gehsteig trat. Noch immer schwer schockiert betrachtete ich das phallusförmige Panoptikum menschlicher Geschmacksverirrung.

»Schau da nicht hin«, flüsterte die Mutter ihrem Sprössling überdeutlich zu, starrte verunsichert in meine Richtung und verschwand mit ihrem Nachwuchs eilig hinter der nächsten Häuserecke. Verschämt versuchte ich das Ungetüm hinter meinem Rücken zu verbergen.

»Die Guten ins Töpfchen, die Schlechten in den Kürbis!«, hatte Regina mir erklärt und erläutert, wie dieser südamerikanische Kummerkasten zu benutzen war. Jeden Kummer, jede Sorge solle ich fortan auf einen Zettel schreiben und in den ausgehöhlten Kürbis stopfen. Und tatsächlich fand sich an der Spitze des eichelförmigen Endes eine kreisrunde, paillettenumstickte Öffnung. Gerade groß genug, um ein gerolltes Stück Papier oder einen Blasenkatheter hineinzuschieben.

»Probier doch mal!«, hatte Regina mich aufgefordert. »Aber nicht verraten!«, gluckste sie vor überschäumender Begeisterung.

»Ich habe einen bolivianischen Kummerkürbis geschenkt bekommen«, kritzelte ich auf ein Zettelchen und pfriemelte das Papier durch die schmale Öffnung.

»Und geht kein Kummer mehr hinein…«, fachsimpelte Regina, »…will das Ding begraben sein.«

»Verbrennen geht auch!«, rief Günther spöttisch aus der Küche.

Kurzerhand beschloss ich, an der nächsten Tanke einen Sack Holzkohle zu erstehen.

Nun gibt es wenig auf dieser Welt, was alteingesessene Kreuzberger aus der Ruhe zu bringen vermag. Wer hätte gedacht, dass ausgerechnet ein Vertreter aus der Familie der Kürbisgewächse dazuzählen würde. Bereits im ersten Straßencafé verstummte ein Großteil der Gespräche, als ich versuchte, zügig und unauffällig vorbeizuhuschen. Einer Frau, die gerade noch in ein hochdramatisches Telefonat verstrickt schien, erstarrte das Gesicht, als sie mich und den Kürbis kommen sah. Ein gebrechliches Mütterchen, das mir wenige Meter später mit seinem Rollator entgegenkam, wendete in einem Zug und flüchtete sich ungeahnt agil in eine Toreinfahrt. An der nächsten Ecke versuchte ein stattlicher Dobermannmischling Kopf voran unter ein parkendes Bobbycar zu kriechen, während eine Querstraße weiter zwei aufgebrachte Erzieherinnen derart von meinem phallusgleichen Riesengemüse in Unruhe versetzt wurden, dass sie ihre fünfzehnköpfige Vorschulgruppe mit hastigen Bewegungen in die offene Tür eines türkischen Kulturvereins scheuchten.

Höhepunkt meines Spießrutenlaufs war ein Bus der BVG, der auf den letzten hundertfünfzig Metern Richtung U-Bahnhof in Schritttempo neben mir herfuhr. Erst starrte der Busfahrer verwirrt zu mir herüber, öffnete dann im Fahren seine Vordertür, um einen besseren Blick auf mich erhaschen zu können, und machte schließlich eine Ansage durch sein Mikrofon, worauf fünfzig bis sechzig Augenpaare schlagartig auf mich gerichtet waren und mir voll Entsetzen nachblickten. Einige der Insassen zückten wortlos ihre Handykameras.

Am U-Bahnhof angekommen fiel mein Blick auf einen Kleidercontainer, der im Schatten des gekachelten U-Bahn-Häuschens verborgen lag. Damit war mein Entschluss besiegelt. Ich würde das farbenprächtige Ungetüm in die vertrauensvollen Hände der Wohlfahrt übergeben! Sollte doch jemand anders seinen Kummer daran haben!

»Ick will mia ja nicht einmischen«, erklang eine Stimme hinter mir, als ich versuchte, den Kummerkürbis Eichel voran in den Container zu schieben. Es war ein Obdachloser, der sich auf einer kleinen Grünfläche gegenüber des U-Bahn-Eingangs breitgemacht hatte. »Aber Clownsschuhe bitte paarweise einwerfen«, witzelte er.

»Geht schon«, rief ich entnervt zurück.

Wie ich das südbolivianische Unding auch drehte und wendete, es wollte einfach nicht durch die Metallklappe passen.

»Jeflügelschere oder Stichsäge?«, fragte der Obdachlose.

Erst jetzt sah ich, dass er einen kleinen improvisierten Flohmarkt vor sich ausgebreitet hatte. »Acht für beide!«, offerierte er großzügig.

»Nee, danke!«, entgegnete ich und stemmte mich mit vollem Körpereinsatz gegen das verkeilte Monster. Als es auch nach mehreren Versuchen nicht durch die breite Öffnung rutschen wollte, beschloss ich einen anderen Kurs zu fahren. Unauffällig schaute ich mich um und warf das Unding schwungvoll in das wild wuchernde Gebüsch hinter dem Container.

»Der Umwelt zuliebe!«, rief mir der Obdachlose nach, als ich mich eilig davonstahl.

Als wenige Minuten später die U-Bahn Richtung Wedding einfuhr, war die Erleichterung über mein kummerkürbisfreies Leben nahezu verblasst. Die ersten Zweifel machten sich breit. Was, wenn Günther und Regina mich in nächster Zeit im Wedding besuchen kommen würden. Hatten sie nicht gerade jetzt den besten Grund dazu?

»Wo ist denn dein neuer Mitbewohner? Isser schon voll? Na, zeig doch mal!«

Auch mein Gewissen meldete sich zu Wort. Hatte Regina das merkwürdige Ding mühevoll von Bolivien bis nach Berlin befördert, hatte sie es elf Flugstunden lang mit mütterlicher Fürsorge auf ihrem Schoß balanciert, die spöttischen Blicke von zwei Piloten, zwölf Stewardessen, 220 Mitreisenden und mindestens einem Berliner Taxifahrer über sich ergehen lassen, nur damit ich es griesgrämig und undankbar im Gebüsch hinter einem alten Kleidercontainer versenke? Als das Warnsignal der sich schließenden U-Bahn-Türen ertönte, schubste mich meine eigene Moral wieder hinaus auf den Bahnsteig. Mein brodelndes Pflichtgefühl trug mich Schritt für Schritt zurück in Richtung Kummerkürbis.

Als ich aber aus dem U-Bahn-Eingang heraustrat, traute ich meinen Augen kaum. Vor dem improvisierten Flohmarkt des Obdachlosen hatte sich eine Menschentraube gebildet. Fünfzehn bis zwanzig Anwohner und Passanten klüngelten sich am Rand der kleinen Grünfläche.

»Ich geb' Ihnen fünfzehn!«, rief eine Frau aus der zweiten Reihe.

»Ick will aba zwanzig!«, drang die Stimme des Obdachlosen aus dem Pulk.

»Can I take a picture?«, rief eine japanische Touristin.

»One picture fifty cents!«, schallte es zurück.

Sogleich begann die junge Frau wild in ihrer Geldbörse zu kramen.

»Wat soll'n dit überhaupt sein?«, fragte ein älterer Anwohner vom linken Rand, der mühevoll auf seinen Zehenspitzen balancierte.

»Siehste doch!«, rief der Obdachlose. »'ne westindische Wunschmelone!«

»Ja, sieht man doch!«, wiederholte ein junger Araber und lachte laut und einfältig.

Da fiel es mir wie Schuppen von den Augen!

»HEY!«, brüllte ich und schob mich Kopf voran durch die engen Reihen. »Sie können doch nicht einfach meinen Kummerkürbis verkaufen!«

»Dis is 'ne Wunschmelone!«, antwortete der junge Araber trocken.

»Dit sieht man doch!«, schob der ältere Anwohner grinsend hinterher.

Das blanke Entsetzen, das MIR in Sachen Kummerkürbis entgegengeschlagen war, hatte sich innerhalb kürzester Zeit zu einer sonderbaren Sensationslust gewandelt. Immer wieder angestachelt durch das marktschreierische Gebrüll des Obdachlosen.

»WUNSCHMELONE! BERLINS EINZIGARTIGE WEST-INDISCHE WUNSCHMELONE!«

»Achtzehn!«, warf die Frau aus der zweiten Reihe ein!

»Nix da!«, rief ich. »Der gehört mir.«

»Nix nix da!«, fuhr mich die Frau von der Seite an. »Wer zuerst kommt, mahlt zuerst!«

»Sie versteh'n nicht. Das ist keine Wunschmelone. Das ist ein Kummerkürbis. MEIN Kummerkürbis.«

»Kummerkürbis?«, zischte der Obdachlose. »Wat soll'n dit sein!«

»Na, ein südbolivianischer Kummerkürbis!«

»Was hast du denn geraucht?«, rief der junge Araber.

»Ich geb' Ihnen zwanzig«, brüllte die Frau aus der zweiten Reihe.

»Was woll'n Sie denn überhaupt damit?«, fragte ich entnervt.

»Das wird ein super Vogelhäuschen!«, rief die Frau begeistert.

Unmöglich konnte ich zulassen, dass der Kummerkürbis, den

41

Regina und Günther mir extra aus Bolivien mitgebracht hatten, als weithin sichtbares Vogelhäuschen von irgendeinem Balkon in ihrer eigenen Nachbarschaft baumelte.

»Das ist MEIN Kummerkürbis. Sie haben doch ganz genau gesehen …«, setzte ich an, als die japanische Touristin dazwischenfuhr: »Dlei-sick!«

»WAS!?«, riefen die Frau und ich wie aus einem Mund.

»This is my Kummerkürbis«, hob ich an. »It belongs to me! I just put it behind the Kleidercontainer because I wanted to …«

»FORTY!«, fuhr der Obdachlose dazwischen!

»HEY!«, brüllte die Frau aus der zweiten Reihe! »Sie wollten zwanzig von mir!«, beschwerte sie sich.

»Jetzt will ick aber vierzig!«, wiederholte der Obdachlose.

»ABER SIE HABEN ZWANZIG GESAGT!«, sprang ich der Frau zur Seite.

»Kenn' Se nicht dit *Kapital*?«, fragte der Obdachlose.

»WAS?«, rief die Frau entgeistert.

»Dit *Kapital*. Von Marx. Anjebot und Nachfrage!«, sagte der Obdachlose und schob der Frau und mir eine dreibändige Ausgabe entgegen. »Für euch, zehn Euro!«, sagte er gönnerhaft.

»Arschloch!«, rief die Frau entrüstet und marschierte wutschnaubend davon.

»Dlei-sick!«, brachte sich die japanische Touristin in Erinnerung.

»Fünfunddreißig«, rief ich panisch und zückte meinen Geldbeutel.

»Vierzig!«, hielt der Obdachlose dagegen. »Und dit *Kapital* kriegste obendruff.«

In diesem Moment erhob ein altes Mütterchen das Wort, das seit Beginn wortlos am Rand des Pulks gestanden hatte.

»Hundert!«, rief sie aus und streckte einen 100-Euro-Schein senkrecht in die Luft.

Was dann folgte, muss als unrühmliche Ausnamereaktion meines sonst sehr höflichen Gemüts gewertet werden. In tiefer Verzweiflung warf ich dem Obdachlosen panisch eine Handvoll Geldscheine in den Schoß. Fünfzig, vielleicht sechzig Euro. Schnell griff ich nach dem Kummerkürbis, brach durch die Reihen der Schaulustigen, hechtete zum U-Bahn-Eingang, sprang die steile Treppe zum Bahnsteig hinab und konnte mich im letzten Augenblick – phallusförmiges Gemüse voran – durch die sich schließenden Türen eines abfahrenden Zuges quetschen. Ein Dutzend Mitfahrer starrte mich entgeistert an.

Als ich mich keuchend und schnaufend auf eine der Sitzbänke warf, fiel mir auf, dass der Kürbis meinen Sprint nicht unbeschadet überstanden hatte. Die gestrickte Ummantelung war auf ihrer Unterseite eingerissen und gab einen breiten Riss in der trockenen Sphäre preis. Als ich das weitgereiste Ding prüfend in meinen Händen drehte, fiel ein zusammengerolltes Stück Papier aus dem Spalt direkt vor meine Füße. Erst hielt ich es für meinen eigenen Zettel, doch dann bemerkte ich, dass das Röllchen leicht vergilbt und an den Rändern wellig war. Neugierig entrollte ich die winzige Notiz.

»Liebe Regina, lieber Günther, vielen Dank fürs Blumengießen. Hoffentlich gefällt euch diese madegassische Traumnuss! Alles Liebe! Ramona und Hans-Jürgen«

Ich weinte bitterlich und wusste nicht, wohin mit meinem Kummer.

Hinterhof, mon amour: Leicht bekleidet

Rita   Herta!

Herta   Wat'n?

Rita   Herta!

Herta   Ja, wat'n?

Rita   Komm doch ma' ans Fenster!

Herta   Jaja, wat is'n los?

Rita   Du Herta, ick gloob, die Zeujen Jehovas sind im
            Haus!

Herta   Hab ick doch längst jesehn.

Rita   Ick wollt dir nur warnen!

Herta   Ja, danke!

Rita   Nich', dass de dir wieder so vollquatschen lässt!

Herta   Keene Sorge, Rita. Die komm nich' mehr zu mir.

Rita   Ich dacht', die war'n erst letzten Monat da jewesen?

Herta	Ja. Aber nur zwee Minuten!
Rita	Wie hast'n dit jeschafft?
Herta	Ick hab mir extra wat Luftiges anjezogen!
Rita	Ach, haste dein' ollen Bikini noch mal aufjetragen?
Herta	Nee Rita, aber'n ABC-Pflaster.

Glaube, Liebe, Hoffnung

Leichbetter   Bestattungsunternehmen Leichbetter. Was kann ich für Sie tun?

Kaubitz   Ja, guten Tag. Kaubitz mein Name. Ähm, ich bin in einer Freikirche, und wir spielen zurzeit mit dem Gedanken eines Massensuizids.

Leichbetter   Aha.

Kaubitz   Ich hab' mich auch schon ein bisschen auf Ihrer Webseite umgeschaut, und jetzt die Frage: Das Modell »Glaube, Liebe, Hoffnung«, also ungebeizt in *Eiche rustikal,* wenn ich davon zweiundzwanzig Stück bestellen möchte …

Leichbetter   Das ist theoretisch gar kein Problem.

Kaubitz   Wie wäre denn da die Lieferzeit?

Leichbetter   Das kommt ein bisschen drauf an, wie eilig Sie's haben. Ist Ihr Suizid denn gekoppelt an irgendeinen besonderen Termin?

Kaubitz   Wir haben die Terminfrage bisher relativ offengelassen. Also es gibt jetzt kein spezielles Datum oder so.

Leichbetter   Ich verstehe. Ist wahrscheinlich auch nicht ganz so einfach, oder?

Kaubitz   Bitte?

Leichbetter   Na, bei zweiundzwanzig Leuten! Das stelle ich mir schon ziemlich schwierig vor, da einen gemeinsamen Termin zu finden, wo alle Zeit und Lust haben.

Kaubitz	Ja! Die meisten sind ja auch berufstätig oder wollen vorher noch mal in den Urlaub fahren mit der Familie.
Leichbetter	Ist bestimmt auch bürokratisch fürchterlich aufwendig.
Kaubitz	Ja, oder wenn Fußball kommt. WM. Letztes Jahr. Ganz schlimm! Oder Skispringen!
Leichbetter	Na, ich kann Ihnen gleich sagen: Wir haben die meisten Modelle eh nur in sehr kleinen Stückzahlen vorrätig.
Kaubitz	Das heißt?
Leichbetter	Drei, vier, maximal fünf Exemplare pro Modell. Wenn es also wirklich das gleiche Design sein soll, gäb's eigentlich nur zwei Möglichkeiten: Entweder wir bestellen über den Zwischenhändler, oder wir versuchen es gleich über den Produktionsstandort.
Kaubitz	Fabrikverkauf?
Leichbetter	Ja. Wobei das natürlich schon vollwertige Exemplare sind. Also jetzt kein Keksbruch wie beim Fabrikverkauf von Bahlsen.
Kaubitz	Wo wäre das denn?
Leichbetter	Bahlsen?
Kaubitz	Nein. »Glaube, Liebe, Hoffnung.«
Leichbetter	»Glaube, Liebe, Hoffnung« beziehen wir zurzeit aus Pakistan.
Kaubitz	Oh, das dauert dann aber wahrscheinlich auch am längsten, oder?
Leichbetter	Geht, ist für Sie als Endverbraucher allerdings am günstigsten.
Kaubitz	Das soll jetzt nicht komisch klingen, aber dürfte ich noch fragen, wie die geliefert werden?

Leichbetter	Äh, die kommen eingeschweißt. Ich glaube, sechs Stück pro Palette.
Kaubitz	Nee, ich meinte, über welchen Lieferweg.
Leichbetter	Ach so! Großlieferungen aus Pakistan kommen meines Wissens nach immer über Luftfracht.
Kaubitz	Luftfracht?
Leichbetter	Ja! Wieso?
Kaubitz	Na ja, wissen Sie, wir sind seit 2012 die erste CO_2-neutrale freikirchliche Gemeinde in Deutschland. Da kommt eine Lieferung über Luftfracht leider nicht infrage.
Leichbetter	Ginge bestimmt auch über Seefracht. Dauert dann halt so seine Zeit.
Kaubitz	Hm.
Leichbetter	Zur Not könnte ich noch unser Modell »Kopernikus« empfehlen. Das ist im Grunde baugleich mit »Glaube, Liebe, Hoffnung«, auch ungebeizt, nur eben in *Buche rustikal*.
Kaubitz	Und wo wird das produziert?
Leichbetter	»Kopernikus« beziehen wird derzeit aus der Ukraine.
Kaubitz	Die kommen dann wahrscheinlich mit dem Lieferwagen?
Leichbetter	Bei Großlieferungen, soweit ich weiß, sogar über Schienenfracht.
Kaubitz	Uh, das wäre natürlich perfekt!
Leichbetter	Ich müsste nur wissen, ob Sie eher kurz- oder mittelfristig planen. »Kopernikus« ist unser aktueller Topseller und auch vor Ort unheimlich beliebt.
Kaubitz	Wie gesagt: Besonders eilig haben wir's nicht. Wäre aber ganz schön, wenn's noch dieses Jahr klappen könnte. Am besten wäre natürlich Ferienzeit.

Leichbetter	Wenn's wirklich günstig werden soll, würde ich Ihnen eher empfehlen, für die Nebensaison zu buchen. Sommerzeit ist Urlaubszeit, und Urlaubszeit ist Unfallzeit!
Kaubitz	Wie sieht es denn im Herbst aus?
Leichbetter	Endzeitstimmung! Ganz schlecht! Sie können sich ja denken, warum!
Kaubitz	Und Winter?
Leichbetter	Ich sach nur: Weihnachten! Rotkohl, Klöße, Mord und Totschlag!
Kaubitz	Dann bleibt ja nicht mehr viel!
Leichbetter	Gut für Großkunden sind immer die lebensbejahenden Monate: März, April, Mai.
Kaubitz	Trotz Ostern?
Leichbetter	Jaja. Trotz Auferstehung kommt da eigentlich nur selten was zurück.
Kaubitz	Eine Sache gäbe es da noch: Wenn ich wirklich zweiundzwanzig Stück auf einmal bestelle, meinen Sie, man könnte da vielleicht eine Art Mengenrabatt aushandeln?
Leichbetter	Uhh, nee, das ginge nur bei »Glaube, Liebe, Hoffnung«.
Kaubitz	Wieso?
Leichbetter	Äh, das dürfte ich Ihnen eigentlich überhaupt nicht erzählen, aber wir arbeiten seit ein paar Jahren mit einem Textilhersteller in Karatschi zusammen. Der liefert seine Bademode für den deutschen Markt sehr gerne in unseren Modellen. Quasi als Umverpackung. Geht ja alles nach Volumen.
Kaubitz	Geht aber nur bei »Glaube, Liebe, Hoffnung«?
Leichbetter	Genau. Bei den Kollegen aus der Ukraine kann

	ich da leider nichts machen. Da müssten Sie schon mehr bestellen.
Kaubitz	Wie viele denn?
Leichbetter	Ab einem Ankauf von dreißig Stück gewähren wir einen Großkundenrabatt von zwanzig Prozent.
Kaubitz	Rückwirkend ab dem ersten Stück?
Leichbetter	Natürlich.
Kaubitz	Das heißt, eigentlich bekäme ich dreißig »Koperni- kus« zum Preis von vierundzwanzig?
Leichbetter	Ja, genau so ist es.
Kaubitz	Wird man die zur Not denn auch privat wieder los?
Leichbetter	Ich sag mal so: Die werden ja nicht schlecht. Das können Sie auf alle Fälle mal bei eBay probieren. Wo wohnen Sie denn?
Kaubitz	Chemnitz.
Leichbetter	Oh, die Rentnerhauptstadt Europas!
Kaubitz	Genau.
Leichbetter	Dann reicht ja auch ein Aushang im nächsten Supermarkt. Und wer weiß, vielleicht kriegen Sie die dreißig ja noch voll.
Kaubitz	Ihr Wort in Gottes Ohr!
Leichbetter	Haben Sie denn auch Kinder in Ihrer Freikirche?
Kaubitz	Ja.
Leichbetter	Dann könnte ich Ihnen unser Familienpaket anbie- ten: Beim Kauf von zwei Modellen »Korpernikus« bekommen Sie zwei Modelle »Peter Pan« zum halben Preis dazu.
Kaubitz	Ich fürchte, dass das rechnerisch nicht aufgeht.
Leichbetter	Schade.
Kaubitz	Eine letzte Frage hab ich noch: So ein Massensuizid,

da kann es natürlich sein, dass uns im letzten Moment der eine oder andere abspringt.

Leichbetter Kein Problem. Wir nehmen unbenutzte Exemplare gern zurück. Gegen Vorlage der Originalrechnung sogar bis zu drei Monate. Allerdings muss ich Sie darauf hinweisen, dass wir keine Geldbeträge auszahlen.

Kaubitz Sondern?

Leichbetter Sie kriegen stattdessen einen Gutschein für unser komplettes Katalogsortiment.

Kaubitz Damit könnt ich leben.

Leichbetter Wunderbar. Dann würde ich Ihnen einfach mal ein unverbindliches Angebot für das Modell »Kopernikus« zuschicken, und wenn das dann immer noch über Ihrem Budget liegt, sprechen wir beim nächsten Mal darüber, ob es denn wirklich zweiundzwanzig Mal das gleiche Modell sein muss.

Kaubitz Kommt mich das nicht viel teurer, wenn ich zweiundzwanzig komplett unterschiedliche Modelle bestelle?

Leichbetter Nicht unbedingt. Wir haben an der A4 einen gut sortierten Outlet-Store. Mit Showroom. Da kann man sogar Probe liegen.

Kaubitz Das klingt ja sehr verlockend. Dann melde ich mich die Tage. Vielen Dank.

Leichbetter Sehr gerne doch, Herr Kaubitz.

(Ende der Szene)

Dicker als Wasser

Das ukrainische Mütterchen, das sich kurz hinter Breslau neben mich gesetzt hatte und unangenehm vertraut nach Fleisch-
wurst und Verwandtschaft roch, hatte einen überraschend harten
Schlag. Er kam plötzlich und unerwartet, so wie die Einladung
des Goethe-Instituts, an einem deutsch-polnischen Literaturfesti-
val in der Nähe von Warschau teilzunehmen.

Bis jetzt war die Reise in unserem Überlandbus ohne nennens-
werte Ereignisse verlaufen, und selbst die höchst unschöne Art,
auf die mich meine Sitznachbarin soeben aus unruhigen Träumen
gerissen hatte, hätte kaum Erwähnung gefunden, läge nun nicht
wie zufällig ein unschuldig dreinschauender, eingeschweißter
Schafskopf in meinem Schoß, der zunehmend mit roten Blut-
sprenkeln überzogen schien.

Die arme Frau bedauerte ihr Missgeschick fürchterlich. Mehrmals beteuerte sie, wie unglaublich leid es ihr täte; dass sie sich
bei aller Liebe nicht erklären könne, wie der Kopf aus ihrer Reisetasche gerutscht sein könne; er sei doch nur ein Geschenk für
die Eltern ihrer Schwiegertochter; diese sei übrigens sehr hübsch,
zwar etwas klein geraten, aber zum Glück nicht so klein, dass
sich die Leute auf der Straße nach ihr umdrehen würden; außerdem sei sie mit einer anständigen Verdauung und gesunden Zäh-
nen gesegnet, also ein immer noch recht passabler Fang für ihren
Sohn, der leider etwas dumm geraten sei, seitdem er als Kind aus
der offenen Scheune gefallen wäre, aber trotzdem, dank Gottes
Gnade, zu einem unglaublich gutherzigen Mann heranwachsen

durfte; und dessen Exfreundin, wie der Zufall so wolle, einmal als Sprechstundenhilfe bei einem niedergelassenen Unfallchirurgen in der Nähe von Lublin gearbeitet hätte, nur für den Fall, dass sich die Blutung meiner Nase in den nächsten sechs bis acht Stunden nicht stoppen ließe.

Nun verstehe ich gar kein Ukrainisch. Aber das oder etwas sehr Ähnliches dürfte das Mütterchen gesagt haben, während es mir mit der linken Hand heftig tröstend über das Gesicht fuhr und mit der rechten pantomimisch darlegte, dass sie mir als kleine Wiedergutmachung nur zu gerne den Schafskopf überlassen würde; immerhin hätte sie auch noch eingemachte Schweinefüße dabei; über die würden sich die Eltern ihrer Schwiegertochter auch sehr freuen.

Als wisse sie um ein uraltes geheimes Hausmittelchen, meinem vermeintlich dahinscheidenden Organismus den verlorenen Lebenssaft zurückzuführen, bot sie an, das unablässig aus meiner Nase tropfende Blut in ihrer hohlen Hand aufzufangen. Ich lehnte dankend ab.

Seit den zahlreichen Wachstumsschüben während meiner Pubertät war mir die Blutungsneigung meiner Nase wohlvertraut – egal, ob bei Flugreisen, Geschlechtsverkehr, sportlichen Aktivitäten jenseits des Minigolfs, in Gebäuden höher als zehn Stockwerke oder bei Fahrten mit einem Riesenrad.

Ich tat daher, was ich immer tat: kniff mit Zeigefinger und Daumen meine Nase zu und versuchte, mit der anderen Hand durch beschwichtigende Gestik beruhigend auf mein Umfeld einzuwirken. Puls und Geruchsorgan würden schon wieder zur Ruhe kommen, deutete ich an. Aber das ukrainische Mütterchen ließ sich in seinem Zustand der Bestürzung nicht beirren, immerhin sah ich aus, als hätte ich ein Schaf gerissen.

»Wir brauchen einen Arzt!«, rief es panisch durch den Bus.

Da lehnte sich eine junge Frau aus dem Sitz gegenüber in unsere Richtung.

»*Nie zatykaj twój nosa!*«, blaffte sie mich auf Polnisch an. »Nicht zuhalten! Auf gar keinen Fall zuhalten!« Ich würde sonst an einer Blutung im Gehirn verenden, versicherte sie mir.

Gerade wollte ich zu einem Monolog darüber ansetzen, dass ein gewisses Vorkommen von Blut im menschlichen Gehirn nicht zwangsläufig das Schlechteste sei, da schaltete sich ein vollleibiger Herr eine Reihe weiter vorn in unsere Unterhaltung ein.

»Sie müssen sich etwas Kaltes in den Nacken legen!«, ergänzte er in überbetont dramatischem Englisch. »Er muss sich etwas Kaltes in den Nacken legen!«, rief er, diesmal in klarem Polnisch, meiner Sitznachbarin entgegen, die sich in ihrer panischen Suche nach medizinischem Beistand bereits einige Sitzreihen vorangekämpft hatte.

»Hat jemand etwas Kaltes dabei?«, rief sie angestachelt durch den Bus.

»*Tylko piwo!*«, schallte es zurück. »Nur Bier!«

»Dieser junge Mann aus Deutschland hat fürchterliches Nasenbluten!«, interpretierte ich die Ergänzung des ukrainischen Mütterchens, da es dazu, wie zum Beweis, den blutigen eingeschweißten Schafskopf präsentierte.

Verhaltenes Gelächter.

»Wir haben gefrorene Entenbrust dabei«, rief eine Männerstimme aus dem hinteren Wagenteil auf Polnisch.

»Die ist doch für deine Mutter!«, hielt eine raue Frauenstimme von weiter vorn dagegen.

»*One duck, five Euro. I make you very good price!*«, rief der Mann in schlechtem Englisch.

»Wie groß ist die Nase denn?«, erkundigte sich ein Witzbold aus der letzten Bank.

Das ukrainische Mütterchen erfasste den Inhalt der Frage, aber nicht die Absicht: »Wie ein Ei!«, rief es zurück.

»Huhn oder Gans?«, wollte die Frau mit der rauen Stimme wissen.

»Huhn!«, rief das Mütterchen und besah sich meine Nase. »Aber großes Huhn!«

»*On musi się położyć!*«, klinkte sich eine junge Mutter in die Unterhaltung ein. »Er muss sich hinlegen. Ganz flach auf den Boden.«

»… und ruhig atmen«, ergänzte eine Stimme aus unbekannter Richtung. Widerwillig grummelnd nahmen ein paar der Mitreisenden ihr Gepäck vom Gang auf ihren Schoß, um Platz für mich zu machen.

»*Co się tam dzieje?*«, erklang die Stimme des Busfahrers durch die Lautsprecher. »Was ist los dahinten?«

»Dieser junge Mann aus Deutschland hat fürchterliches Nasenbluten«, rief das Mütterchen abermals und hielt den Schafskopf gleich einer Trophäe in die Luft.

»Ich hab gesagt, er soll sich hinlegen!«, rief die junge Mutter durch den Bus. »Mit etwas Kaltem im Nacken!«

»Und ruhig atmen!«, ergänzte die Stimme aus unbekannter Richtung.

»Blödsinn!«, brüllte der Busfahrer. »Er muss die Arme in die Luft halten!«

»*Po co?*«, rief ein schnurrbärtiger Pole im Blaumann aus der vorletzten Reihe. »Wozu das denn?«

»So?«, rief das ukrainische Mütterchen und hielt ihre Hände schulterbreit in Höhe ihres Kopfes.

»Nein! So!«, brüllte der Busfahrer, löste seine Hände vom Lenkrad und streckte seine Arme senkrecht in die Luft. Zwei junge Mädchen in der ersten Reihe kreischten panisch auf.

Ein paar Sitzreihen vor uns hatte sich derweil ein älterer Herr von seinem Platz erhoben, starrte mich an und rief dann über die Sitzbänke hinweg: »Der muss mehr Wurst essen!«

»*Do you want to have sausage?*«, fragte ein junger Mann im Sitz hinter mir.

»*Dziękuję*«, sagte ich dankend. »*But I don't eat meat.*«

»*On nie je mięsa!*«, rief der junge Mann auf Polnisch durch den Bus. »Er isst kein Fleisch!«

Die Szenerie verstummte. Ungläubig drehten sich nunmehr auch die letzten Mitfahrer in meine Richtung.

»Wir haben auch Fisch dabei!«, rief die raue Frauenstimme.

Eine schwarzhaarige Frau mit Kniestiefeln und Ledermantel plärrte etwas unverständlich Tschechisches dazwischen. Entweder war es der gut gemeinte Ratschlag, mir zur Eigentherapie doch zwei Minuten lang eine saure Gurke in den Mund zu stecken, oder die Aufforderung an alle, endlich und ein für alle Mal die Fresse zu halten.

»*Chcesz tampon?*«, rief eines der jungen Mädchen aus der ersten Reihe, stieß ihre Hand mit dem weiblichen Hygieneartikel drohend in die Luft, nur um sofort wieder unter wildem Gekicher in ihrem Sitz zu versinken. Dann wollte der schnurrbärtige Mann im Blaumann wissen, ob wir schon an Tomaszów Mazowiecki vorbeigefahren wären. Vor zwanzig Jahren, setzte er an, hätte er in dieser Gegend mal was mit einer hinreißenden blonden Frau namens Marzena gehabt, die nicht nur wundersam gelenkig gewesen sei, sondern auch Medizin studiert hätte. Man könne doch kurz halten und sich erkundigen, was wohl aus der geworden sei.

Zu unser aller Überraschung entgegnete der Busfahrer, dass wir Tomaszów Mazowiecki längst passiert hätten und in zehn Minuten Warschau erreichen würden.

»Bluten Sie noch?«, rief er mir zu. Vorsichtig löste ich Zeigefinger und Daumen von meinen Nasenflügeln.

Es war das ukrainische Mütterchen, das frohlockend verkündete: »Der Deutsche hat überlebt!«

Sogleich brach der ganze Bus in frenetischen Applaus aus.

Nachdem ich mir auf der Toilette Gesicht und Hals gewaschen hatte, erreichten wir den Busbahnhof Warschau.

»Do widzenia!«, rief ich in die Runde, als ich den Bus verließ, aber die Euphorie war so schnell verflogen, wie sie gekommen war. Erst als das Ding müde schnaufend davonfuhr, merkte ich, dass meine Reisetasche deutlich schwerer wirkte als zuvor. Bei einem Blick hinein fand ich sieben Tampons, ein Pfund Würste, acht Päckchen Taschentücher, zwei gefrorene Entenbrüste, eine Rolle Klopapier, zwei Dosen eingemachte Schweinefüße, ein Päckchen eines Vitamin-Magnesium-Eisen-Präparats und sechs Adressen von Hals-Nasen-Ohren-Ärzten aus Warschau, Krakau, Posen und Odessa.

»Willkommen in Polen!«, rief es mir entgegen.

Es war die Frau vom Goethe-Institut.

Hinterhof, mon amour: Fernweh

Rita   Herta!

Herta   Wat'n?

Rita   Herta!

Herta   Ja, wat'n?

Rita   Komm doch ma' ans Fenster!

Herta   Jaja. Wat is'n los?

Rita   Du Herta, ick hab mir was überlegt.

Herta   Wat haste?

Rita   Ick hab mir was überlegt. Ick gloob, ick muss ma'
            wohin.

Herta   Warste heut noch gar nicht?

Rita   Nee, Herta. Ick mein ick muss ma' woandershin.
            Ma' rauskommen. Verstehste?

Herta   Zu Karstadt?

Rita   Nee, Herta. So richtig! Ins Ausland!

Herta   Fahr doch zu deiner Schwester!

Rita   Wat?

Herta   Zu deiner Schwester! Die wohnt doch im Ausland!

Rita   Nee, Salzburg!

Mutter Blamage und ihre Kinder, Teil 1

Sylt, 2009

Geliebte Zweitgeborene,
ich habe beschlossen, dich an meinem Urlaub mit Mutter und Vater teilhaben zu lassen, immerhin ist die bescheuerte Idee, dass wir uns abwechselnd dieser postadoleszenten Selbstgeißelung hingeben, nicht auf meinem Mist gewachsen. Dass es nun ausgerechnet an mir sein soll, diese zweifelhafte Familientradition zu beginnen, nur weil ich als Erster von uns beiden aus Mutters Uterus geschlüpft bin, empfinde ich nach wie vor als grob willkürliche Entscheidung. Du solltest nicht vergessen, dass ich – schon allein durch das Pech der frühen Geburt – mehr Nettozeit auf diesem Erdenrund mit unseren Eltern ertragen musste als du, geliebtes Schwesterlein!

Aber gut, zum Eingemachten. Das bisherige Highlight unserer mittlerweile etwa zwanzig Minuten währenden Familienreise: Vaters Kampf um unsere Sitzplätze mag rückblickend betrachtet als nahezu episch bezeichnet werden. Die spanische Touristengruppe war vom ersten Moment an in der Defensive, konterte zwar mit einer kampferprobten Mischung aus Skeptizismus, Stoizismus und Spanisch, musste aber unter dem Anblick Vaters wutschnaubender Nüstern und seiner pulsierenden Stirnadern einknicken. Der Umstand, dass spanische Touristen nicht einmal »das einfachste deutsche Vokabular beherrschen«, machte unseren Vater fast rasend vor Wut, sodass er zur besseren Verständigung einfach immer lauter und lauter wurde:

»Heute geänderte Wagenreihenfolge!«, brüllte er durch den Waggon. »HEU-TE GE-ÄN-DER-TE WA-GEN-REI-HEN-FOL-GE!«

Nachdem Vater dem international gültigen Bild des weltkriegsschürenden, völkermordenden Deutschen erfolgreich eine weitere liebenswürdige Facette hinzugefügt hatte, konnte er von Mutter kurz vor Wittenberge durch das Zufüttern hart gekochter Eier wieder zur Räson gebracht werden.

Mutter hat übrigens kein Verständnis für unseren Geschwisterpakt. In unregelmäßigen Abständen (etwa alle sechzig bis neunzig Sekunden) fragt sie mich, was du denn so furchtbar daran findest, Weihnachten mit der eigenen Familie zu verbringen.

»Weil Hannah sich an Heiligabend lieber lesbischer Liebe hingibt als Würstchen und Kartoffelsalat«, liegt es mir auf der Zunge, aber ich flüchte mich stattdessen in den Speisewagen und gönne mir ein erstes Bier. Kurz nach elf. Es ist ein weiter Weg bis Sylt.

Prost und alles Liebe
dein Bruder Paul

* * *

Afrika, 2010

Liebes Bruderherz,
verzeih mir, dass ich mit einer eher ungewöhnlichen Frage ins Haus fallen muss: Aber sind wir uns wirklich sicher, nicht adoptiert worden zu sein? Stammen wir wirklich von diesen Menschen ab? Nach drei Tagen Urlaub in Nordafrika ist unser »Vater« zu der überraschenden Erkenntnis gelangt, dass eine Straßenkarte von Kairo in der Altstadt von Tunis keine große Hilfe sein dürfte. Im-

merhin erklärt dieses etwas beschämende Missgeschick, warum die geschätzt zwanzig Tunesier, die Mutter seit unserer Ankunft in brüchigem Englisch nach dem Weg fragen musste, nach einem kurzen Blick in unsere Karte entweder lauthals lachend oder böse fluchend davonmarschiert sind. Dabei ist der Tunesier an sich ein sehr hilfsbereiter Mensch. Wenn man ihn denn lässt. Nur Papa besteht trotz zahlreicher freundlich gemeinter Angebote darauf, den absurd großen Faltplan vom Ballungsraum Kairo ganz allein zu bändigen. Was mittlerweile stolze neun Minuten dauert und gut ein Dutzend neugierige Tunesier angelockt hat.

Mama und ich vertreiben uns die Wartezeit in einem der zahlreichen Straßencafés. Es gibt Mokka, gefüllte Datteln, handzahme Katzen und fliegende Händler. Das Angebot reicht von Gewürznelken über Goldschmuck bis hin zu feinen Lederwaren. Besonders die Handtaschen aus Ziegenleder haben es Mutter angetan.

»How much?«, erkundigt sie sich bei einem der umherstreifenden Verkäufer.

»One bag 250. Two bags 400!«, ruft er uns zu.

»Eine Tasche 250, zwei Taschen 400«, übersetzt Mama großspurig. Was ich als studierte Amerikanistin natürlich sehr zu schätzen weiß.

»Two bags 300!«, ruft Mama streng zurück. Ihr Ehrgeiz ist geweckt.

»No no!«, kontert der Händler. »My kids need to eat. Two bags 390.«

»My daughter eats too!«, entgegnet Mutter wie selbstverständlich und macht eine unverschämt ausladende, langsam kreisende Geste in meine Richtung.

»Two bags 375!«, ruft der Händler.

Mutter überlegt kurz. Dann fordert sie ihn auf, ein wenig näher zu treten. Mit verschwörerischer Stimme raunt sie ihm zu:

»My daughter needs man, too.«

Ich kann es kaum abwarten, diese aufmunternde Anekdote meinem Psychologen zu erzählen. Das letzte Mal, als ich den armen Mann mit einer Familiengeschichte behelligt habe, fragte er mich, ob wir als Kinder jemals häusliche Gewalt erlebt hätten.

»Durchaus«, sagte ich ihm. Aber unsere Eltern hätten das ab und zu gebraucht.

Schöne Grüße aus Tunesien
deine Schwester Hannah

* * *

Polen, 2011

Liebe Hannah,
mein erster Besuch bei der polnischen Verwandtschaft seit fünfzehn Jahren!

Nach zwölf Stunden osteuropäischer Landstraße kann mich allein die Tatsache beschwichtigen, dass das Zimmer, in dem wir die kommenden vier Nächte verbringen werden, über einen eigenen WLAN-Router verfügt. Meine tief empfundene Freude darüber kann noch nicht einmal durch den Umstand getrübt werden, dass ich mein Geschäft auf einem Plumpsklo neben dem Hühnerstall verrichten muss und auf einem müffeligen Klappsofa nächtigen werde, auf dem nach verstörend indiskreter Aussage unserer lieben Mutter ihre eigene Entjungferung stattgefunden hat.

Kaum hatten wir die deutsch-polnische Grenze überquert, bat mich Vater anhaltend und inständig darum, für die kommenden Tage auf meinen »veganen Lebensstil« zu verzichten. Es sei schon schwer genug gewesen, der Verwandtschaft meinen »Beruf« zu erklären. Es erfüllt mich mit tiefer Panik, wenn Vater bei achtzig Stundenkilometern und osteuropäischer Infrastruktur die Hände vom Lenkrad nimmt, nur um Anführungsstriche in die Luft zu setzen.

Seit unserer Ankunft ist Mutter fortwährend damit beschäftigt, angeblich altbekannte Anverwandte zu begrüßen. Hin und wieder stürmen juchzende alte Frauen auf mich zu, umschließen meinen Kopf, pressen mein Gesicht zwischen ihre hängenden Brüste und küssen mich mit Vorliebe auf den Mund. Die edle Absicht, mir die kryptischen, mythischen oder vermuteten Verwandtschaftsverhältnisse zu erläutern, hat Mutter nach dem dritten Versuch aufgegeben:

»Das ist Tante Jusza.«

»Hallo.«

»Jusza ist deine Großtante zweiten Grades.«

»Ja, hallo.«

»… oder deine Tante dritten Grades.«

»Von Papas oder von deiner Seite?«

»Beides.«

Nach dem Mittagessen lasse ich mich von zwei der jüngeren Bewohner (Zbigniew, 38, und Agnieszka, 42) durch das Dorf führen. Die genauen Verwandtschaftsverhältnisse können bis zum Ende des Spaziergangs nicht ausreichend geklärt werden. Als sie anfangen, auf mich einzureden, gebe ich mich der polnischen Sprache unfähig, lächle freundlich und zucke beharrlich mit den Schultern. Dabei muss ich zugeben, doch erschreckend viel von ihrem geheimnisvollen Singsang zu verstehen. Es scheint sich ausgezahlt zu haben, dass Mutter und Vater all die Jahre ausschließlich auf Polnisch miteinander gestritten haben. Hätte mich auch gewundert, wenn diese sechs bis acht Stunden wöchentlicher *Listening Comprehension* keine Früchte getragen hätten.

Der englische Wortschatz, den Zbigniew und Agnieszka mir als Kompromisslösung anbieten, ist leider schnell erschöpft. Auch mit Russisch ist, wie du weißt, nicht sonderlich viel bei mir zu holen. Als das brüchige Geplänkel zwischen uns endgültig das Zeitliche segnet, sagt Zbigniew nach ein paar Minuten wie beiläufig auf Polnisch zu Agnieszka:

»Mama hat mir erzählt, dass seine Schwester eine richtige Lesbe ist. Außerdem isst ER kein Fleisch.«

Agnieszkas Gesicht verzieht sich zu einer angewiderten Grimasse:

»Wie kann man denn kein Fleisch essen?«, raunt sie.

Schöne Grüße von der Wurstfront
Paul

Die Nachmieter

»Ich muss Ihnen leider noch ein Geständnis machen.«

26 junge Akademiker, die sich im Halbkreis, in Socken und in Zweiergruppen in meinem Wohnzimmer zusammengeschart haben, blicken mit großen, erwartungsvollen Augen in meine Richtung.

»Also die Wohnung«, setze ich an, »die kostet eigentlich«, theatralisch senke ich meine Stimme, »also, ich weiß gar nicht, wie ich das erklären soll. Die Wohnung kostet eigentlich ein bisschen … na ja … weniger als in der Anzeige.«

Eine junge Frau in der zweiten Reihe hyperventiliert unauffällig in ihre Handtasche.

»Weniger?«, fragt ein Jurist aus Paderborn mit Hornbrille, Undercut und skeptischem Unterton in seiner Stimme.

»Ja, weniger.«

»Wie viel weniger?«, dringt eine zaghafte Stimme neugierig aus der rechten Zimmerecke.

»Nicht so viel«, rufe ich beschwichtigend zurück. »Hundertachtzig Euro.«

Die einsetzende Stille wird vom zischenden Geräusch eines Asthmatikerinhalators unterbrochen.

»Dafür ist der Stuck im Badezimmer leider nicht historisch«, sage ich entschuldigend. »Und die Dielen im Arbeitszimmer«, füge ich missmutig hinzu, »die sind auch schon seit einer Ewigkeit nicht mehr geölt worden. Achtzehn, vielleicht zwanzig Monate.«

Einem jungen Ehepaar aus Dortmund schießen Tränen in die Augen.

»Meine Vermieterin hat immer gesagt, das müsse man bei Eichendielen nicht so oft«, verteidige ich mich. »Aber viel Ahnung hat die gute Frau sowieso nicht. Im Mietvertrag steht immer noch, dass die Wohnung zweiundsechzig Quadratmeter groß ist. Dabei hab ich drei Mal nachgemessen. In Wahrheit sind es vierundsiebzig. Plus Balkon!«

Auch das heteronormative, aber politisch queerfeministische Pärchen aus Freiburg, das sich in den letzten fünfzehn Minuten beharrlich geweigert hat, sich dem antiquierten sozialen Gestus des Händchenhaltens hinzugeben, greift jetzt aufgeregt nach der pH-neutralen Patschehand des jeweils anderen.

»Warum ziehen Sie denn aus?«, fragt eine Wirtschaftsprüferin aus Wiesbaden.

»Ach«, antworte ich zögerlich. »Ich kann schon nachvollziehen, warum meine Vormieter hier überall verputzt haben. Am Anfang hab ich noch gedacht, dass ich mich dran gewöhnen könnte. Aber jeden Tag diese makellosen weißen Wände!«

»Was will der denn?«, flüstert ein vollbärtiger Grafikdesigner aus Hannover seiner Freundin durch den schwarzhaarigen Topfschnitt. »Das klingt doch super!«

»Shhht!«, zischt sie ihm leise zu und treibt ihren Ellenbogen liebevoll strafend tief in sein kleines Wohlstandsbäuchlein. »Ich weiß ja nicht«, schiebt sie lautstark hinterher. »Mir ist das alles viel zu statisch!«, beklagt sie sich.

»JA, eben!«, pflichte ich ihr bei. »Sie können sich nicht vorstellen, wie steril und unwirklich sich das anfühlt«, ergänze ich affektiert. »Ich brauche mehr Kontur in meinem Leben. Mehr Makel. Mehr … mehr Strukturtapete!«

Fünfzehn Köpfe nicken mitfühlend zu mir herüber.

»Außerdem gibt es da auch diese emotionale Komponente«, sage ich leise und wende meinen Blick zu Boden. »Ich habe meine Exfreundin in einer Fabrik für Raufasertapeten kennengelernt.«

Ein übertrieben empathisches Raunen wandert durch den Raum.

»Vielleicht wird es wirklich Zeit, in *anderen* Räumen ein neues Kapitel aufzuschlagen«, flüstert mir die Frau des Juristen zu und legt ihre Hand tröstend auf meine Schulter.

»Womit meine Frau aber nicht sagen will, dass wir ernsthaft Interesse an dieser Wohnung haben«, ruft der Jurist bluffend in die Runde, nachdem er während meiner kleinen schauspielerischen Einlage unauffällig das Wohnzimmerfenster ausgemessen hat.

»Wir auch nicht«, reagiert ein junges Pärchen aus der rechten Zimmerecke panisch.

»Wenn die Scheuerleisten wenigstens historisch wären!«, dringt es unruhig aus der zweiten Reihe.

»Eine dritte Flügeltür wäre auch sehr schön gewesen«, fügt der Grafiker gewieft hinzu.

»Sind das denn überhaupt vier Meter?«, entgegnet seine Freundin abschätzig und deutet mit dem Finger an die Decke.

»3,20!«, fährt die Wirtschaftsprüferin despektierlich dazwischen. »Höchstens!«

»Wo kommt denn dieser Luftzug her?«, ruft eine nörgelige Stimme aus unbekannter Richtung.

»Ja! Die ganze Zeit schon. Immer dieser kalte Luftzug!«

»Altbaufenster!«, schallt es abfällig zurück.

»Na ja. Warm ist die Wohnung aber schon«, rufe ich defensiv dazwischen. »Ich krieg immer was zurück. Nicht so viel. Vierhundert vielleicht. Aber immerhin!«

Eine Assistenzärztin aus Ansbach sackt bewusstlos in die Arme ihres Lebensgefährten.

Als die Diskussion um die Deckenhöhe abermals aufbrandet, zieht mich der Jurist plötzlich und bestimmt beiseite. »Wir wollen diese Wohnung«, raunt er mir zu. »Verstehen Sie? Um jeden Preis!«

Schwer abzuschätzen, ob er mir gerade eine Tafel Milka-Schokolade oder ein iPhone 6 in die Gesäßtasche geschoben hat.

»Meine Eltern haben eine Finca auf Lanzarote«, ergänzt seine Frau flüsternd. »140 Quadratmeter, malerisch gelegen, in jedem Zimmer Raufasertapete.«

»Was ist denn mit Ihrer neuen Wohnung?«, fragt das heteronormative, queerfeministische Paar aus Freiburg. »Brauchen Sie noch jemanden, der beim Umzug hilft?«

»Mein Bruder hat eine Klavierspedition«, fährt der Jurist dazwischen.

»Ich hab doch überhaupt kein Klavier«, entgegne ich verwirrt.

»Nichts, was sich nicht einrichten ließe«, ruft die Wirtschaftsprüferin aus der anderen Zimmerecke zu uns herüber.

»Entschuldigung...«, dringt es schüchtern aus dem Flur, »... ist das hier die Wohnungsbesichtigung Brüsseler Straße 39?«

»Nein!«, brüllen der Jurist, die Wirtschaftsprüferin und das Pärchen aus Freiburg synchron zurück.

»Herr Bokowski...«, drängt mich der Grafikdesigner aus Hannover in die schmale Nische zwischen Fensterbank und Schreibtisch. »Die Inga und ich, wir haben uns verliebt. In Sie und in diese Wohnung. Wir sind beruflich noch nicht so weit, dass wir Ihnen einfach so ein Klavier schenken könnten, aber die Inga und ich...«, sagt er und zieht seine Freundin aus dem Menschenpulk zu uns herüber, »... wir sind seit über zehn Jahren ein Paar. Seit dem Abitur. Wissen Sie, was das bedeutet?«

»Äh, nein«, antworten Inga und ich wie aus einem Mund.

»Die Inga hat schon oft den Wunsch nach neuen sexuellen Erfahrungen geäußert«, ergänzt ihr Freund.

»Habe ich?«, fragt sie verdutzt.

»Ja, hast du doch«, entgegnet er mit einem strengen Ton in seiner Stimme.

»Äh, ja, das hab ich wohl«, sagt Inga verunsichert und legt ihre Hand zögerlich auf meinen Unterarm.

»Das ist sehr freundlich«, antworte ich höflich und löse meinen Arm aus ihrem Griff. »Aber um ehrlich zu sein, meine Exfreundin aus Erfurt...«

»Die mit der Raufasertapete?«

»Ja, die mit der Raufasertapete. Das war eigentlich gar keine Exfreundin. Sondern... ein... Exfreund.«

»Oh, das trifft sich aber gut!«, sagt Inga. »Der Björn hat schon oft den Wunsch nach neuen sexuellen Erfahrungen geäußert.«

»Habe ich?«, fragt Björn.

»Ja, hast du doch«, antwortet Inga und legt seine Hand bestimmt auf meinen Unterarm.

»Herr Bokowski!«, dringt es aus der anderen Ecke des Wohnzimmers. »Wären Sie interessiert an einer Jahreskarte für das Deutsche Raufasermuseum?«

Zu meiner großen Überraschung waren lediglich sechs Worte nötig, um mich von dieser wild gewordenen Horde potenzieller Nachmieter zu befreien:

»Die Entscheidungsgewalt trägt allein die Hausverwaltung«, verkündete ich am Ende der Besichtigung, und so dauerte es keine halbe Stunde, bis die Telefonnummer meiner Vermieterin auf meinem Telefondisplay aufleuchtete.

»Frau Trautmann!«, rief ich gut gelaunt in das Gerät.

»Bokowski!«, stieß es mir unwirsch entgegen. »Ich hab es ein Mal gesagt, und ich sag es wieder: Bitte hören Sie auf, Ihre Wohnung zu inserieren, wenn Sie NICHT vorhaben auszuziehen!«

»Aber Frau Trautmann!«, hob ich an. »Wovon sprechen Sie?«

»Herr Bokowski, Sie wissen GANZ GENAU, wovon ich spreche. Hier haben gerade fünfzehn Leute angerufen, um sich als Nachmieter für Ihre Wohnung ins Gespräch zu bringen!«

»Meine Wohnung?«

»JA. Ihre Wohnung!«

»Meine Wohnung?«

»JA VERDAMMT! IHRE WOHNUNG!«

»Sind Sie sicher?«

»Alle fünfzehn Anrufer haben Sie beschrieben. Genau gleich beschrieben. Schiebermütze, Segelohren, gebärfreudiges Becken, Bertold-Brecht-Brille.«

»Gebärfreudiges Becken!?«

»JA! GEBÄRFREUDIG!«

»Frau Trautmann, der Wedding kommt doch! Die Nachbarschaft ist voll von solchen Leuten.«

»Herr Bokowski, man hat mir sogar ein brandneues Klavier angeboten!«

»Wofür?«

»IHRE WOHNUNG!«

»Meine Wohnung!?«

»Jetzt geben Sie's doch endlich zu! Das waren Sie, Herr Bokowski, das waren Sie!«

»Frau Trautmann, ich bitte Sie! Warum sollte ich? ... Aber wo ich Sie schon mal in der Leitung habe ... der Warmwasserboiler bei mir im Badezimmer. Der ist immer noch kaputt!«

Hinterhof, mon amour: NSA

Rita   Herta!

Herta   Ja, wat'n?

Rita   Komm doch ma' ans Fenster!

Herta   Jaja, wat is'n los?

Rita   Du Herta, ick gloob, ick muss mir impfen lassen.

Herta   Impfen?

Rita   Ja!

Herta   Gegen wat'n?

Rita   Gegen NSA!

Herta   Wat!?

Rita   Na, der Manfred hat angerufen. Der hat'n Virus!

Herta   Wat'n für'n Virus?

Rita   Na, NSA!

Herta	Mensch Rita, dit ist doch keen Virus! Dit is'n Jeheimdienst.
Rita	Ach, sowat wie der Mollath?
Herta	Nee! Der Mossad!
Rita	Und wat machen die so?
Herta	Na, die bespitzeln uns.
Rita	Uns alle?
Herta	Ja, Rita! Uns alle! 50 Millionen E-Mails haben die jelesen!
Rita	Wat!? Auch meine?
Herta	Ja, Rita! Auch deine!
Rita	Seit wann schreib ick denn E-Mails?

Die neue Waschmaschine

Sehr geehrte Damen und Herren,
gestern Abend bestellte ich über Ihren Online-Shop eine neue Waschmaschine der Marke *Bauknecht* für 436 Euro. Die Waschmaschine wurde mit dem Zusatz »kostenlose Lieferung« beworben, was dieses Angebot so attraktiv für mich gemacht hat. Heute Morgen jedoch erhielt ich neben der Bestellbestätigung und der Zusage meines gewünschten Liefertermins auch eine E-Mail der Spedition Raureif-Torgelow, in der mir für meinen gewünschten Liefertermin Lieferkosten in Höhe von 49 Euro in Rechnung gestellt wurden. Ich bitte Sie, diesen Sachverhalt zu klären.
Mit freundlichen Grüßen
Paul Bokowski

Sehr geehrter Herr Bokowski,
wir von meinelektronikshop24.de freuen uns, für alle Großgeräte eine kostenlose Lieferung anbieten zu können. Eine kostenlose Lieferung ist jedoch ein kontingentgebundenes Angebot. Der von Ihnen gewünschte Liefertermin für das Angebot *Bauknecht Frontlader 622 PLUS* war zum Zeitpunkt Ihrer Bestellung leider nicht mehr als kostenloser Liefertermin verfügbar. Sie können Ihren Liefertermin aber unter »Mein Wunschtermin« in einen kostenlosen Liefertermin umändern.
Mit freundlichen Grüßen
Janina Ziegenfuß

Sehr geehrte Frau Ziegenfuß,
nachdem ich heute Nachmittag meinen Liefertermin über »Mein Wunschtermin« in einen kostenlosen Liefertermin umgeändert habe, erhielt ich gerade erneut eine Rechnung der Spedition Raureif-Torgelow in Höhe von abermals 49 Euro. Dabei habe ich die aufgeführten Liefertermine genauestens studiert und mich meines Wissens für einen kostenlosen Termin entschieden. Ich bitte Sie, diesen Sachverhalt zu klären.
Mit freundlichen Grüßen
Paul Bokowski

Sehr geehrter Herr Bukowski,
wir von meinelektronikshop24.de freuen uns, für alle Großgeräte eine kostenlose Lieferung anbieten zu können. Eine kostenlose Lieferung ist jedoch ein kontingentgebundenes Angebot. Der von Ihnen gewünschte Liefertermin kann leider nur ab einem Mindestbestellwert von 500 Euro als kostenloser Liefertermin angeboten werden. Sie können Ihren Liefertermin aber unter »Mein Wunschtermin« in einen kostenlosen Liefertermin umändern.
Mit freundlichen Grüßen
Janina Ziegenfuß

Sehr geehrte Frau Ziegenfuß,
nachdem ich gestern Abend meinen Liefertermin abermals in einen kostenlosen Termin umgeändert habe, erhielt ich soeben, wie beide Male zuvor, eine Rechnung der Spedition Raureif-Torgelow. Diesmal jedoch in Höhe von stolzen 69 Euro. Bitte klären Sie diesen Sachverhalt.
Mit freundlichen Grüßen
Paul Bokowski

Sehr geehrter Herr Bokovski,
wir von meinelektronikshop24.de freuen uns, für alle Großgeräte eine kostenlose Lieferung anbieten zu können. Eine kostenlose Lieferung ist jedoch ein kontingentgebundenes Angebot. Der von Ihnen gewünschte Liefertermin kann leider nur in Monaten ohne den Buchstaben R als kostenloser Liefertermin von uns angeboten werden. Sie können Ihren Liefertermin aber unter »Mein Wunschtermin« in einen kostenlosen Liefertermin umändern.
Mit freundlichen Grüßen
Janina Ziegenfuß

Sehr geehrte Frau Ziegenfuß,
der Liefertermin meiner neuen Waschmaschine ist der 02. Mai. Wenn ich damals in der ersten Klasse richtig aufgepasst habe, dann ist das doch ein Monat ohne den Buchstaben R! Und jetzt erzählen Sie mir bitte nicht, dass Sie in Ihrem Unternehmen den julianischen Kalender verwenden. Wenn das noch lange so weitergeht, kann ich die blöde Waschmaschine auch gern bei einem anderen Anbieter bestellen.
Hochachtungsvoll
Paul Bokowski

Sehr geehrter Herr Bokowsky,
wir von meinelektronikshop24.de freuen uns, für alle Großgeräte eine kostenlose Lieferung anbieten zu können. Eine kostenlose Lieferung ist jedoch ein kontingentgebundenes Angebot. Aus Ihrem Kundenkonto geht hervor, dass Sie Ihren Artikel bereits am 30. April bestellt haben. Leider kann der von Ihnen gewünschte Liefertermin nur in Monaten OHNE den Buchstaben R als kostenloser Liefertermin von uns angeboten werden. Sie können Ihren Liefer-

termin aber unter »Mein Wunschtermin« in einen kostenlosen Lie-
fertermin ändern.
Mit freundlichen Grüßen
Janina Ziegenfuß

Frau Ziegenfuß,
letzter Versuch! Neuer Termin! Und siehe da! Welch eine Überraschung! Schon wieder eine verfluchte E-Mail von der Spedition Urlaubsreif-Torgelow! 129 Euro! Für eine verfickte Waschmaschine! 129 Euro!!! Was ist es diesmal? Nur in Monaten mit
dem Buchstaben Z? Nur an Tagen mit mindestens acht Sonnenstunden? Nur wenn der Liefertermin zwischen meinen und Ihren
Geburtstag fällt!?
Dem Wahnsinn nahe
Paul Bokowski

Sehr geehrter Herr Bokovsky,
wir von meinelektronikshop24.de freuen uns, für alle Großgeräte
eine kostenlose Lieferung anbieten zu können. Eine kostenlose
Lieferung ist jedoch ein kontingentgebundenes Angebot. Der von
Ihnen gewünschte Liefertermin kann leider nur dann als kostenloser Liefertermin von uns angeboten werden, wenn der Liefertermin auf den 12. eines Monats fällt. Ausgenommen sind Sonn-
tage, gesetzliche Feiertage, Samstage im Advent sowie die Monate
Januar, Juni und in Schaltjahren Oktober. Sie können Ihren Lie-
fertermin aber unter »Mein Wunschtermin« in einen kostenlosen
Liefertermin ändern.
Mit freundlichen Grüßen
Janina Ziegenfuß

Sehr geehrte Frau Ziegenfuß,

nachdem die von mir ausgewählten kostenlosen Liefertermine sich ausnahmslos als kostenpflichtige Liefertermine entpuppt haben, sehe ich es nicht ein, mich weiterhin mit den Lieferbestimmungen Ihres Online-Shops herumzuärgern, und möchte meine Bestellung hiermit stornieren.

Mit freundlichen Grüßen

Paul Bokowski

Sehr geehrter Herr Bokovski,

wir von meinelektronikshop24.de freuen uns, für alle Großgeräte eine kostenlose Lieferung anbieten zu können. Da für das Angebot *Bauknecht Frontlader 622 PLUS* nach wie vor kostenlose Liefertermine von uns angeboten werden, können wir Ihrem Wunsch, Ihre Bestellung zu stornieren, leider nicht nachkommen. Sie können Ihren Liefertermin aber unter »Mein Wunschtermin« in einen kostenlosen Liefertermin ändern.

Bestellen Sie zu Ihrer neuen Waschmaschine noch heute einen Kühlschrank der Marke Bauknecht und profitieren Sie davon, dass ausnahmslos alle Liefertermine kostenlos sind.

Mit freundlichen Grüßen

Janina Ziegenfuß

Sehr geehrte Frau Ziegenfuß,

ICH BRAUCHE ÜBERHAUPT KEINEN KÜHLSCHRANK! Und jetzt bitte ich Sie inständig, WIRKLICH IN-STÄN-DIG darum, meine Bestellung zu stornieren, sonst komme ich noch auf dumme Gedanken und bestelle eine Kettensäge.

Mit freundlichen Grüßen

Paul Bokowski

Sehr geehrter Herr Bockowski,

natürlich gilt unser Kombiangebot auch für andere Großgeräte der Marke Bauknecht. Bestellen Sie zu Ihrer neuen Waschmaschine noch heute einen Geschirrspüler, einen Wäschetrockner, eine Gefrierkombination oder ganz einfach eine zweite Waschmaschine und profitieren Sie davon, dass ausnahmslos alle Liefertermine kostenlose Liefertermine sind.

Ich muss Sie jedoch darauf hinweisen, dass es sich bei der von Ihnen erwähnten Kettensäge leider nicht um ein Großgerät handelt.

Viel Spaß beim Stöbern,

Ihre Janina Ziegenfuß

Sehr geehrte Frau Ziegenfuß,

ich habe mich nun doch noch ein letztes Mal mit Ihren Lieferterminen auseinandergesetzt und heute Morgen einen letzten kostenlosen Liefertermin ergattern können. Tatsächlich habe ich bisher auch keine Rechnung der Spedition Raureif-Torgelow erhalten. Meine neue Waschmaschine wird nun in der kommenden Woche zwischen 11 und 19 Uhr geliefert. Leider findet sich in meiner Bestellbestätigung kein Hinweis darauf, an welchem Tag. Ich bitte Sie darum, diesen Sachverhalt zu klären.

Mit freundlichen Grüßen

Paul Bokowski

Sehr geehrter Herr Bokuwski,

wir von meinelektronikshop24.de freuen uns, dass Sie für das Großgerät Ihrer Wahl einen kostenlosen Liefertermin ergattern konnten. Der von Ihnen gewünschte Liefertermin für das Angebot *Bauknecht Frontlader 622 PLUS* lautet: kommende Woche zwischen 11 und 19 Uhr. Um diesen Termin für Sie kosten-

los anbieten zu können, ist es uns leider nicht möglich, Ihnen im Voraus anzukündigen, an welchem Tag der kommenden Woche Ihr Artikel geliefert wird. Sie können Ihren Liefertermin aber unter »Mein Wunschtermin« in einen anderen kostenlosen Liefertermin umändern.
Mit freundlichen Grüßen
Janina Ziegenfuß

Sehr geehrte Frau Ziegenfuß,
Ich hätte jetzt doch gerne den Kühlschrank.
Mit freundlichen Grüßen
Paul Bokowski

Das Aquarium

Seit der Kieferorthopäde gegenüber ausgezogen ist, steht vor dem Spätkauf in meiner Straße ein einsames Aquarium. Kalkbeschlagen, aber ansonsten in makellosem Zustand. Ein sehr großes zerbrechliches Gebilde, so breit wie hoch, aber doppelt so lang. Warum ein Weddinger Kieferorthopäde ein altes Aquarium aufbewahrt, und ob es mit Absicht oder aus reinem Zufall vergessen wurde, das sind Geheimnisse, welche allein die Zahnfee lüften könnte. Dem Kiez jedenfalls ist dieses Ungetüm egal. Die Menschen in meiner Straße schenken dem seltsamen Artefakt keine große Aufmerksamkeit. Immerhin vergeht doch kaum ein Tag, an dem nicht irgendwo in unserer Nachbarschaft ein alter Kühlschrank, eine verschlissene Spülmaschine, eine mit Flecken übersäte Matratze oder ein brüchiger Lattenrost auftauchen. Sie kommen, und sie gehen, verharren eine Woche, einen Monat oder manchmal sogar ein ganzes Jahr. Nur wenn ein Zettel daraufklebt mit der magischen Aufschrift »*Bitte stehen lassen, wird morgen abgeholt!*« ist das alte Ding über Nacht und wie von Zauberhand verschwunden.

Ein Aquarium, so viel sei zugegeben, sieht man dennoch recht selten in unserem Kiez. Was sich allem Anschein nach auch der volltrunkene junge Mann auf dem Gehweg gegenüber gedacht haben mag, dessen gedämpftes Ächzen und Stöhnen mich kurz nach Mitternacht vom Sofa auf den Balkon locken. Denn seitdem das besagte Überbleibsel vor wenigen Tagen in unserem Straßenzug aufgetaucht ist, lässt sich jede Nacht das gleiche anthropologisch-physikalische Phänomen beobachten: Die wechselseitige Anziehungskraft eines alten verkalkten Aquariums und volltrunkenen männlichen Berlinern. Und da beide Ecken meines Straßenabschnitts von Alt-Berliner Bierkneipen gesäumt werden, sorgt der spätnächtliche alkoholgeschwängerte Pendelverkehr zwischen diesen beiden Kneipen dafür, dass das eigentlich recht leblose Objekt seit seinem ersten Auftauchen ein erstaunlich lebhaftes Wanderverhalten an den Tag gelegt hat. Mittlerweile hat das fragile Unding bereits eine beträchtliche Distanz auf dem gegenüberliegenden Gehweg zurückgelegt.

Der junge Mann – nennen wir ihn Ronny – steht tief gebeugt schräg gegenüber meiner Wohnung. Bis auf ein deutlich sichtbares Schwanken unter voller Ausnutzung des dreidimensionalen Raums bewegt er sich aber keinen Zentimeter. Was wahlweise dem süßen Alkohol oder dem stattlich schweren Glasgebilde geschuldet sein mag, das er sich gleich einem gewaltigen Karton einfach übergestülpt hat. Wäre es nicht durchsichtig, der gute Ronny wäre zur Hälfte in diesem zerbrechlichen Wassertank verborgen geblieben. Doch so ist sein Vorgehen, das nur mit viel gutem Willen als *Technik* bezeichnet werden kann, in beschämender wie auch faszinierender Offenheit erkennbar: Der trübe Boden des Aquariums lastet auf Ronnys tief gebeugtem Rücken, während der arme Tölpel seine Stirn und die Oberseite seines Schädels in eine der Ecken gepresst hat, um den klobigen gläsernen Quader von innen in der Schwebe zu halten. Weddinger Yogalehrer nennen diese Position das Betrunkene Rindvieh.

Das Glas um Ronnys Gesicht herum ist längst großflächig beschlagen. Sein rot pulsierender, wutschnaubender Kopf leuchtet durch die Nacht wie das Apothekenschild an der Fassade nebenan. Alle fünf bis zehn Sekunden hebt er seinen schlaksigen Oberkörper unter lautem Schnaufen an, stemmt sich einen kleinen Schritt voraus, zieht unter Ächzen auch den zweiten Fuß hinterher, nur um sofort wieder unter dem Gewicht des massiven Monstrums zusammenzusacken.

Auf diese Weise mag der volltrunkene Ronny in den letzten fünf Minuten gute zehn bis fünfzehn Meter vorangekommen sein, aber lange schon deutet sich an, dass sein gläserner Freund den jungen Mann auf kurz oder lang besiegen wird. Jedes Mal, wenn Ronny nach einem oder zwei Schritten kurz zum Verschnaufen in die Knie geht, senkt sich die hintere Kante seines Fundstücks ein wenig tiefer als zuvor, schwankt träge von rechts nach links und schwebt mitunter gefährlich dicht über den Gehwegplatten.

Da mir die Befürchtung, in den kommenden zwei Minuten eine bedeutsame Wendung im gegenüberliegenden Geschehen zu verpassen, mehr als grundlos erscheint, beschließe ich, mir erst einmal ein Schnittchen zu schmieren. Als ich kurze Zeit später mit Brotscheibe und Salzstangen zurück auf den Balkon kehre, hat sich der gute Ronny zwar abermals einige Meter vorangekämpft, ist aber vor dem türkischen Friseursalon zum endgültigen Stillstand gekommen. Tief in die Knie gesunken, die Hände flach auf dem Boden abgestützt, balanciert er sich und das Aquarium fast waagerecht über dem gepflasterten Trottoir. Wie in Zeitlupe senkt sich das gewächshausartige Gebilde über den entkräfteten Trunkenbold. Deutlich sichtbar wehrt sich sein müder, überstreckter Rücken gegen die Schwere dieses Ungetüms. Und auch sein schweres Haupt kämpft tapfer, aber aussichtslos gegen die Müdigkeit der Nacht. »Lass gut sein, Ronny!«, flüstert ihm die Dunkelheit entgegen. Wenn sich das Gebilde nahtlos an den Gehweg anschmiegt, wird Ronny die herbstliche Nacht dank einer doppelten Isolation aus Glas und Luft recht sicher unbeschadet überstehen. Und meine Nachbarschaft ist spröde, aber gutherzig: Man wird den armen Einfaltspinsel schlafen lassen. So lange, bis er von alleine aufwacht.

Kurz bevor unser müder Trunkenbold die letzte Körperspannung verliert und der Glasrand des Aquariums den Boden berührt, erklingt urplötzlich eine raue Stimme aus der Dunkelheit.

»Ey, Ronny!«

Gleich einem Deus ex Machina tritt die Göttin des Bieres aus dem Eingang ihrer Eckkneipe. Es ist die alte Wirtin aus dem Genter Eck.

»Ronny!«, ruft sie. »Wat hast'n dir da anjelacht? 'ne neue Einraumwohnung?«

»Aguarium«, dringt es müde und leise unter dem durchsichtigen Koloss hervor.

»Wat?«

»Agguaarium!«

»Haste die Anleitung falsch rum jelesen?«

»Aggguaaaarium!«, wehrt sich Ronny durch die Glaswand.

»Wat sacht'n deine Alte, wenn du mit so'ner grazilen Schönheit nach Hause kommst?«

»Aguarium«, nuschelt es trotzig durch die Nacht.

»Is ja gut!«, beschwichtigt ihn die alte Wirtin. »Willste noch'n Bier? Is' gleich letzte Runde.«

»Nee.«

»Na komm, Ronny.«

»Nee!«

»Schultheiss oder Kindl?«

»Schultheiss.«

Ein letztes Mal zieht die alte Wirtin an ihrer selbst gedrehten Zigarette.

»Aba liefern is nicht«, schallt es rauchig durch die Dunkelheit. »Und dit Schneckenhaus bleibt draußen!«

Von der Verheißung eines letzten Bieres beseelt kriecht Ronny unter seiner neu gefundenen Liebe hervor. Vorsichtig hievt er den prächtigen Schatz in die Senkrechte, betastet ihn prüfend, zieht schließlich seine abgewetzte Lederjacke aus und versucht mühevoll, den zerbrechlichen Kubus darunter zu verbergen. »Du, Ronny! Lass doch!«, ruft ihm die Wirtin aus der offenen Kneipentür entgegen. »Dit klaut schon keener.«

Aber kaum sind Ronny und die Wirtin im Schankraum der Bierstube verschwunden, stolpert am entgegengesetzten Ende der Straße ein anderer Mann volltrunken und schwankend aus der Schoppenschänke. Auch er wird sein Glück versuchen, und langsam dämmert mir, wie unser Weddinger Kieferorthopäde seinerzeit zu diesem alten Aquarium gekommen ist. Es verspricht noch eine sehr, sehr lange Nacht zu werden.

Hinterhof, mon amour: Ruhestörung

Rita	Herta!
Herta	Wat'n?
Rita	Herta!
Herta	Ja, wat'n?
Rita	Komm doch ma' ans Fenster!
Herta	Jaja. Wat is'n los?
Rita	Kiek ma', Herta. Die Polente!
Polizist	Tach!
Herta	Tach, Herr Wachmeister!
Polizist	Wir sind hier wegen der Ruhestörung.
Rita	Wat'n für 'ne Ruhestörung?
Herta	Mensch, Rita, der meint doch die Musik!
Rita	Dit is doch keene Musik!

Polizist	Ham' die Damen vielleicht eine Idee, wo die herkommt?
Herta	Na, fragen Se mal den Wichser aus dem zweiten Stock!
Nachbar	Ham Sie mich grade einen »Wichser« genannt?
Rita	Junger Mann, jetzt nehm' Se dit doch nich' persönlich! Dit war bestimmt keene Beleidigung!
Nachbar	»Wichser« ist keine Beleidigung!?
Herta	Nee! Ich kenn' doch Ihre Gewohnheiten! Von hier oben aus betrachtet ist »Wichser« 'ne reine Tatsachenbeschreibung!

Wenn der Nachbar ein Mal klingelt

Rückblickend kann ich einen Zustand der Verwunderung nicht leugnen, als es gestern Abend kurz nach Mitternacht an meiner Haustür klingelte.

Nachbar	Tach.
Ich	Guten Abend.
Nachbar	Wohn' Se hier?
Ich	Bitte?
Nachbar	Ob Se hier wohn', ha ick jefragt?
Ich	Nee.
Nachbar	Bitte?
Ich	Ich bin Einbrecher. Ich bin hier nur zum Arbeiten.
Nachbar	Wirklich?
Ich	Nee.
Nachbar	Also wohn' Se hier?
Ich	Wo haben Sie denn geklingelt?
Nachbar	Na, bei Ihnen.
Ich	Und? Wer hat aufgemacht?
Nachbar	Na, Sie.
Ich	Na also. Was glauben Sie? Wohn ich hier, oder wohn ich hier nich?
Nachbar	Jetzt verscheißernse mir ma nich.
Ich	Warum haben Sie denn geklingelt?
Nachbar	Ick will wissen, wann Se eigentlich vorham, Ihr Päckchen bei mir abzuholen.

Ich	Was denn für ein Päckchen?
Nachbar	Na, dit hier.
Ich	Das ist mein Päckchen?
Nachbar	Ja. Liegt seit zwee Wochen bei mir rum.
Ich	Wo wohnen Sie denn?
Nachbar	Hinterhaus, vierter Stock.
Ich	Und geben Sie's mir gleich, oder soll ich erst mit rüberkommen?
Nachbar	Nee. Schon jut. Hier, Meister.
Ich	Vielen Dank.
Nachbar	Keen Ding.
Ich	Schön' Abend.
Nachbar	Ebenso.
Ich	Hey, warten Se mal.
Nachbar	Wat'n?
Ich	Ich heiß' gar nicht Brszoszowski.
Nachbar	Sicher?
Ich	Bitte?
Nachbar	Na, ob Se sicher sind?
Ich	Klar bin ich sicher.
Nachbar	Detwegen ha ick doch jefragt am Anfang.
Ich	Was?
Nachbar	Na, ob Se hier wohn'.
Ich	Klar wohn' ich hier!
Nachbar	Na, dann is doch alles jut.
Ich	Ich heiß' aber trotzdem nicht Brszoszowski!
Nachbar	Wie heißen Se denne?
Ich	Bokowski.
Nachbar	Kann ick ja nich riechen.
Ich	Aber sehn!
Nachbar	Bitte?

Ich	Wo haben Sie denn geklingelt?
Nachbar	Na, bei Brszoszowski.
Ich	Nee!
Nachbar	Bitte?
Ich	Nee! Ham' Se nich! Sie haben hier geklingelt.
Nachbar	Wo?
Ich	Bei Bokowski.
Nachbar	Is dit nich dasselbe?
Ich	Nee!
Nachbar	Fängt mit »B« an und hört mit »ski« auf. Mir reicht das.
Ich	Bumski fängt auch mit »B« an und hört mit »ski« auf.
Nachbar	Wohnt der auch hier?
Ich	Nee.
Nachbar	Wie komm' Se dann auf Bumski?
Ich	War nur ein Beispiel.
Nachbar	Bumski. Vastehe. Schön' Abend.
Ich	Hey, Sie nehmen jetzt bitte das Päckchen wieder mit.
Nachbar	Nee, Meister, dit lag schon lang jenuch bei mir.
Ich	Mensch, gucken Sie doch unten! Da muss doch stehn, wo der Brszoszowski wohnt.
Nachbar	Meister, ick bin doch nich von jestern. Vorderhaus, dritter Stock.
Ich	Nee! Das is meine Wohnung.
Nachbar	Na also.
Ich	Nix »na also«. Vorderhaus, dritter Stock, meine Wohnung. Bokowski, nich Brszoszowski.
Nachbar	Wat für'ne Maus is Ihn'n denn über die Leber jeloofen?
Ich	Laus.

Nachbar	Was?
Ich	Laus! Das heißt »Laus«.
Nachbar	Sicher?
Ich	Ja.
Nachbar	Dit gibt doch gar keen Sinn?
Ich	Doch.
Nachbar	Na, von mir aus. Wat für'ne Maus is Ihn'n denn über die Laus jeloofen?
Ich	Leber!
Nachbar	Sach ick doch.
Ich	NEE! Laus über Leber! Was für'ne Laus ist Ihnen denn über die Leber gelaufen.
Nachbar	Stimmt. Laus über Leber. Dit macht Sinn.
Ich	Sie nehmen jetzt bitte das Päckchen wieder mit.
Nachbar	Zujestellt ist zujestellt.
Ich	Das ist nicht zugestellt! Das ist abgegeben!
Nachbar	Ick hat dit Ding lang jenuch. Jetzt könn Sie mal'n bisschen drauf uffpassen.
Ich	Dann legen Sie dem Brszoszowski wenigstens 'nen Zettel innen Briefkasten.
Nachbar	Wieso soll ich dem Brszoszowski denn 'nen Zettel innen Briefkasten legen?
Ich	Damit er weiß, wo Sie sein Päckchen abgegeben haben.
Nachbar	Wat hab ick denn uff eenmal mit zu tun? Is doch nich meene Schuld, wenn der Bokowski dit nich abholt.
Ich	ICH bin der Bokowski. Sie ham das Päckchen bei mir abgegeben. Ich bin aber nicht der Empfänger. Deshalb wär's ganz gut, wenn der Empfänger davon erfährt.

Nachbar	Dat Sie nicht der Empfänger sind?
Ich	Nee, dass Sie das Scheißpäckchen bei mir abgegeben haben.
Nachbar	Jut. Dann schmeiß ick dem Bokowski een Zettel in den Briefkasten.
Ich	NEE!
Nachbar	Wieso denn nich!?
Ich	Sie gehn jetzt runter und schmeißen dem Brszoszowski einen Zettel in den Briefkasten, dass sein Päckchen bei Bokowski liegt.
Nachbar	Jut ... Ham' Se was zu schreiben.
Ich	Ach, vergessen Sie's. Ich kümmer mich selbst drum.
Nachbar	Mensch, Meister! Kann ick doch schnell machen. Hauptsache, Sie nehm dit gottverdammte Päckchen an sich.
Ich	Was ist denn so schlimm an diesem Päckchen?
Nachbar	Da issn Wecker drin oder so was.
Ich	Was?
Nachbar	Ein Wecker. Jeden Morgen um halb sechs fängt dit Ding zu klingeln an. Ne halbe Stunde lang. So was ham' Se nich jehört.
Ich	Wo wohnen Sie noch mal?
Nachbar	Hinterhaus, vierter Stock.
Ich	Ach, Sie sind das! Der Arsch mit dem Wecker!
Nachbar	Na, hörn Se ma!
Ich	Na, stimmt doch. Kennt ja das ganze Haus: Sie und Ihren Wecker!
Nachbar	Rüdiger Nitschkow. Und ich will betonen: Jetzt isset Ihr Wecker!
Ich	Rüdiger Nitschkow? Wie Klitschko?
Nachbar	Ja, aber mit W.

Ich	Witschkow?
Nachbar	Nee. Nitschkow wie Pankow.
Ich	Ach, hinten mit w. Warten Sie mal eben.
Nachbar	Was'n?
Ich	Warten Sie mal. Bin gleich wieder da.
Nachbar	Meister. Ick muss ins Bett.
Ich	Nitschkow. Wie Klitschko? Aber mit W.
Nachbar	Ja.
Ich	Nitschkow, wie Pankow?
Nachbar	Ja.
Ich	Ich glaub, ich hab hier noch ein Päckchen für Sie.
Nachbar	Wat?
Ich	Ein Päckchen.
Nachbar	Ein Päckchen?
Ich	Ja, das liegt seit drei Wochen bei mir rum.
Nachbar	Hätten ja ruhig ma früher was sagen könn, mein Lieber.
Ich	Jetzt komm Sie mir mal nicht so, junger Mann.
Nachbar	Jaja. Schon jut.
Ich	Bittschön. Einmal Nitschkow.
Nachbar	Mensch, hat sich der Weg gleich doppelt jelohnt.
Ich	Na dann.
Nachbar	Um das Päckchen von dem Dings kümmern Sie sich aber.
Ich	Klar, Meister. Schon erledigt.
Nachbar	Na dann. Schön' Abend.
Ich	Ebenso.
Nachbar	… Moment mal. Hier steht aber Brszoszowski.
Ich	Tut mir leid, Meister. Zugestellt ist zugestellt. (Ende der Szene.)

Urban Balconing

Montag / 08. April / 14.00 Uhr
Der 32-jährige Lesebühnenautor und Langzeitstudent Paul B. findet neben den Mülltonnen seines Weddinger Wohnhauses eine welke hellblaue Balkonpflanze der Züchtung *Hortensie Hildegardis*. Das bisher von Ratten verschonte Gewächs erregt gleichermaßen Aufmerksamkeit wie Mitleid, sodass Paul B. das dahinsiechende Pflänzchen in seine wohlwollende Obhut übernimmt. Wenige Minuten später findet das florale Fundstück in einer gründlich ausgespülten Dose *Preiswert & Gut Dosenravioli* auf einem halbschattigen Nordwestbalkon in der Brüsseler Straße ein neues Zuhause.

Montag / 08. April / 15.00 Uhr
Das FKK-affine Rentnerehepaar Helmut und Heide-Marie S. beobachtet vom gegenüberliegenden Balkon die prahlerische Begrünungsaktion des freischaffenden Künstlers. Kurze Zeit später eilen die pensionierte Kunststoffformgeberin und ihr langjähriger Lebensgefährte und Abonnent des Modellbahnmagazins *Der Schienenfreund* zur nahe gelegenen Niederlassung des Balkonblumenanbieters *Blume 2000* und erwerben neben zwei Säcken Rindenmulch achtzehn Töpfe Petunien zu je 6,99 €.

Montag / 08. April / 18.00 Uhr
Auch die Steuerfachangestellte Jennifer K. fühlt sich vom aufkeimenden nachbarschaftlichen Treiben genötigt und kontert in den

frühen Abendstunden mit dem Auslagern eines etwa acht Jahre alten Gummibaums, zweier nicht näher zu bestimmenden Topfpflanzen eines schwedischen Möbelhauses und eines Bambusparavents in zeitlos schönem floralem Blumenmuster.

Dienstag / 09. April / 11.00 Uhr
Über Nacht ist die Kreuzung Genter, Ecke Brüsseler Straße zu einem der grünsten Kieze der umliegenden Siedlungsgebiete avanciert. Eindeutiges Highlight ist, neben der beeindruckenden Bonsaisammlung des leicht grobschlächtigen Gerüstbauers Dirk S., der gut zwei Quadratmeter große Blautannenforst im dritten Stock der Brüsseler Straße 17.

Dienstag / 09. April / 20.00 Uhr
Im abendlichen Zwielicht ummantelt der alleinstehende Schichtarbeiter Karl-Heinz W. die steinerne Brüstung seines herrschaftlichen Altbaubalkons mit vierzehn Bahnen ökologisch angebautem Rollrasen zu je 24,99 €. Nach anfänglichen witterungsbedingten Schwierigkeiten kann das gewagte Unterfangen schließlich durch den beherzten Einsatz von Hasendraht, Stahlbetondübeln und Heißklebepistole zu einem ansehnlichen Ergebnis geführt werden.

Mittwoch / 10. April / 16.00 Uhr
Durch das schmale seitliche Erkerfenster ihres Wohnzimmers befüllt die halbtags arbeitende Fleischereifachverkäuferin Roswitha H. ihren 1,4 m² großen Balkon mit zweitausend Litern Balkonerde der Marke *Herzbacher Gartenglück*. Mehr Nähe zur Natur und ein eigenes Spargelfeld sind zwei lang gehegte Träume der gebürtigen Berlinerin.

Mittwoch / 10. April / Mitternacht

Bei dem waghalsigen Unterfangen, fünfzehn frisch gepflanzte Tomatensetzlinge der Sorte *Fleischige Frederike* vor dem allabendlichen Temperaturabfall zu bewahren, unterlaufen dem Maschinenbaustudenten Konstantin W. beim Bau eines provisorisch angelegten Gewächshauses aus Abdeckfolie, einem Manufactum-Vollholzwäscheständer und einem elektrischen Heizlüfter der Marke Wotan folgenschwere Fehler. Innerhalb weniger Minuten steht die Einraumwohnung des zugezogenen Münsterländers lichterloh in Flammen. Nur durch einen beherzten Sprung in das frisch angelegte Lavendelbeet auf dem Balkon seiner Nachbarn Jürgen und Achim S. kann Konstantin W. sich in letzter Sekunde retten.

Donnerstag / 11. April / 07.00 Uhr

In den frühen Morgenstunden stürmt ein Einsatzkommando der Berliner Polizei Abschnitt 35 die linkspolitische Frauen-WG im vierten Stock der Brüsseler Straße 29. Die sechs Bewohnerinnen hatten im Schutz der Dunkelheit zwölf winterharte Cannabisstauden auf ihrem sonnigen Südbalkon im vierten Stock angepflanzt und durch zwei Flaggen der Marxistisch-Leninistischen Einheitspartei notdürftig kaschiert. Nach erheblichem Widerstand gegen die Staatsgewalt gestaltet sich vor allem die vollständige Bergung der unerlaubten Rauschmittelzucht aufwendiger als zunächst erwartet. Probleme bereiten den Ordnungshütern neben einer beeindruckenden Sammlung diverser Kakteen und zahlreicher fleischfressender Pflanzen vor allem ein eigens angesiedeltes queerfeministisches Bienenvolk. Zwei Beamte werden durch Stiche leicht verletzt.

Freitag / 12. April / 12.00 Uhr
Um die Mittagszeit löst sich im dritten Stock des Mehrfamilien-
hauses Brüsseler Straße 61 einer von elf halbherzig festgeschnürten
Keramiktöpfen mit einem vierzehn Jahre alten *Ficus benjamini.*
Der Langzeitarbeitslose Ronny M. entgeht aufgrund einer alko-
holbedingt geminderten Reaktionszeit nur knapp dem sicheren
Tode.

Samstag / 13. April / 14 Uhr
Der ehemalige Wehrmachtsoffizier und leidenschaftliche Pfand-
flaschensammler Friedrich-Wilhem K. entdeckt auf seiner selbst
gezogenen Kartoffelzüchtung *Braune Eva* einen fremdländisch
anmutenden Schädling. Die Sorge ist groß.

Samstag / 13. April / 15 Uhr
Die Erasmusstudentin Juanita Maria Antonades wird durch ein
schabendes Geräusch an ihrem Schlafzimmerfenster aus unruhigen Träumen gerissen. Der Schlafrhythmus der jungen Katalanin
ist massiv gestört, seit die breit wachsende, dichte Krone eines Ka-
nadischen Zierahorns ihre Wohnung auch tagsüber in komplette
Dunkelheit hüllt. Ihre türkischen Nachbarn Hatice und Murat
Y. hatten den gut 15-jährigen Laubbaum ungeklärter Herkunft in
der vorletzten Morgendämmerung nur mithilfe einer Sackkarre
auf ihrem Balkon im zweiten Stock angesiedelt. Als Juanita Maria
Antonades schlaftrunken ihr Zimmerfenster öffnet, wird sie von
einer desorientierten nordamerikanischen Schleiereule angegrif-
fen, aber zum Glück nur leicht verletzt.

Sonntag / 14. April / 7 Uhr
Ein ohrenbetäubender Lärm weckt die Anwohner der Brüsseler
Straße. Unter dem Druck zwölf vollbepflanzter Balkone und zwei

restlos begrünter Dachterrassen ist die tragende Vorderwand des Wohnhauses Brüsseler Straße 61 fast vollständig eingestürzt. Das verheerende Unglück gibt den ungeschönten Blick auf sechzehn Wohnungen, ein Treppenhaus, zwei türkische Kulturcafés und vier Altberliner Außenklos frei. Zur großen Überraschung aller Anwohner nächtigt ausgerechnet das FKK-affine Rentnerehepaar Helmut und Heide-Marie S. in bunt karierten Flanellpyjamas.

Montag / 15. April / 21 Uhr
Nach dem vorläufigen Abschluss der Räumungsarbeiten sind nach bisherigen Erkenntnissen zwei Opfer zu beklagen: der 32-jährige Lesebühnenautor Paul B. und eine vertrocknete hellblaue *Hortensie Hildegardis*. Eine nordamerikanische Schleiereule konnte noch sechsunddreißig Stunden nach dem Unglück unverletzt geborgen werden.

Hinterhof, mon amour: Ostern

Rita   Kalt!

…

Nee, kalt!

…

Janz kalt!

…

Geh ma' lieber da drüben kucken!

…

NEE JEREMY! Kalt hab ick jesacht!

…

Dit ANDERE drüben!

…

NA, BEI DIE FAHRRÄDER!

…

DIT SIND DOCH KEENE FAHRRÄDER!

…

NEE, JEREMY, DIT SIND KEENE EIER! DIT SIND RATTENKÖDER!

…

JUTE IDEE! WIRKLICH 'NE JUTE IDEE! Ick bin bestimmt heut' Morgen in aller Herrgottsfrühe in die versiffte Mülltonne jeklettert! GANZ SICHER!

…

KLAR, JEREMY! DANN GEH HALT MA' IM KELLER KUCKEN! WIRST SCHON SEHN, WAT DU DAVON HAST!

(Jeremy ab.)

Herta   Mensch, Rita!

Rita   Wat'n?

Herta   Wat is'n nun mit die Eier?

Rita   Wat soll'n sein?

Herta   Wo haste sie denn versteckt?

Rita   Bin ick bescheuert? Ick hab doch keene Eier versteckt! Geht doch ums Suchen!

Mutter Blamage und ihre Kinder, Teil 2

Schweiz, 2012

Bruderherz!

Entschlackte Grüße aus dem Kurhotel Rickenbach bei Frauenfeld bei Winterthur bei Zürich. Unsere Eltern müssen unverhofft zu Geld gekommen sein, anders kann ich mir unseren siebentägigen Aufenthalt in diesem 5-Sterne-Tempel nicht erklären. Tagesgäste zahlen für ein Lindenblütenpeeling und einen Grünkern-Avocado-Smoothie eine halbe Hamburger Monatsmiete. Nachdem sich Mama ihre dritte Fangopackung in nur vier Tagen gegönnt hat, reift der Verdacht in mir, dass wir uns die Aussicht auf ein elterliches Erbe abschminken können.

Auch ihre erste Pilatesstunde hat sie halbwegs unbeschadet überstanden. Nach eigener Aussage ein geradezu mystisches Erlebnis. Sie hätte ihren eigenen Körper auf eine ganz neue Art und Weise kennengelernt. Allein die Aussage »Sie müssen mehr durch Ihre Vulva atmen« ist seither zu einem geflügelten Wort zwischen uns geworden.

Der Einzige von uns, dem ein wenig Vulva-Atmung nachweislich guttun würde, hat leider keine Vulva. Die anhaltende fleischlose Ernährung macht Papa zusehends dünnhäutiger. Wer hätte auch ahnen können, dass in einem vollveganen Bio-Kurhotel kein Fleisch gereicht wird. Frechheit! Heute Morgen fand ich im Browserverlauf meines iPads die Suchanfrage »Imbiss Döner Winterthur«. Außerdem macht das Gerücht die Runde, eine kroatische Putzfrau aus dem zweiten Stock würde geschmierte Leberwurstbrote gegen amerikanische Zigaretten oder harte Schweizer Franken eintauschen. Seitdem flaniert Papa unauffällig wie ein überzuckerter Kaufhausdetektiv durch die langen Flure.

Die gesunde, fettarme und ballaststoffreiche Ernährung des Hauses zerrt mehr und mehr an seinen Nerven. Immer wieder bricht er scheinbar grundlos und ohne Vorwarnung einen Streit vom Zaun. Andere Gäste des Hauses beschreiben das Hotel als ruhig und malerisch gelegen. Nur wenn man ganz genau hinhöre, könne man ein polnisches Rentnerehepaar in der Ferne streiten hören. Besonders die Tatsache, dass Mama sich gestern Abend zum dritten Mal in Folge vom immer gleichen Ergotherapeuten den nackten Leib massieren ließ, brachte Papa auf die Palme. Offenbar hat er was gegen große, blonde, gut gebaute Schweden namens Ole.

Der Versuch, den Familienfrieden durch eine Partie Scrabble wiederherzustellen, kann getrost als gescheitert betrachtet werden. Papa macht seinem passiv-aggressiven Unmut dadurch Luft, dass er Wörter wie »Betrug«, »Zweifel«, »Verrat« oder »Hinterhalt« legt. Außerdem geht er in der fünfundzwanzigsten Minute mit dem Begriff »Cevapcici« in Führung. Während ich versuche, durch Begriffe wie »Koala«, »Tennis« oder »Holzbein« beschwichtigend auf die vorherrschende Atmosphäre einzuwirken, setzt Mama auf Konfrontation, kontert zuerst mit »Hände«, »zärtlich« und »Hüne«, geht dann mit »Zimtschnecke« in ein spektakuläres Überholmanöver und gewinnt das Spiel lässig in der zweiundvierzigsten Minute mit dem dreifachen Wortwert für »Köttbullar«. Vater ist außer sich vor Wut. Als sie zum Abschluss nach eigener Aussage die spanische Interjektion »Olé« legt und nicht etwa den schwedischen Vorname »Ole«, verlassen er und seine pulsierenden Stirnadern wutschnaubend das Zimmer.

Eine Nacht lang ist Vater unauffindbar, erst am nächsten Tag finden Mama und ich ihn nach der morgendlichen Wassergymnastik im abgedunkelten Hotelzimmer. Schnarchend liegt er auf dem Fußboden hinter seinem Bett. Aus der schmalen Nische strömt uns der Duft von Jägermeister, frischen Zwiebeln und Knoblauchsoße entgegen. Im Mülleimer finden wir eine Taxiquittung über 126 Schweizer Franken.

Immer schön durch die Vulva atmen!

Deine Schwester
Hannah

* * *

Taj Mahal Hotel, 2013

Liebe Hannah!
Durch eine göttliche Fügung habe ich unsere Suite im Taj Mahal Hotel zum ersten Mal seit sieben Tagen ganz für mich allein. Das Taj Mahal Hotel liegt, wie der Name schon sagt, in einem Neubaugebiet fünfzig Kilometer außerhalb von Antalya. Mutter und Vater sind begeistert. Ihre persönlichen Highlights sind Europas größte Poolbar, eine Minigolfanlage mit einer mobilen Bubble-Tea-Maschine, eine künstliche Grotte mit integrierter Sushibar, ein Shuttlebus zum hoteleigenen Privatstrand in zweihundertfünfzig Metern Entfernung und ein täglich wechselndes zweistündiges Abendprogramm mit dem »Stargast« Lily Minogue (?).
   Da fünfundneunzig Prozent aller Gäste des Hotels russische Staatsbürger sind, hat man die meisten Aufschriften oder Warnhinweise auf Kyrillisch gehalten. Ein Werbeplakat für den morgigen Kostümball hat Vater mit den Worten »Proletarier aller Län-

der verkleidet euch« übersetzt. Er verbringt die meisten Abende in der sogenannten Safari-Lounge, eine Art Raucherraum im sozialdarwinistischen Kolonialstil. Dort lässt Vater den Tag, ganz gentlemanlike, mit einem Whiskey, einer kubanischen Zigarre und der letzten Ausgabe des *Kickers* ausklingen.

Die oben erwähnte göttliche Fügung kommt übrigens vom Gott des Brechdurchfalls. Sie stellt sicher, dass ich mich nicht weiter als acht Meter von unserem Badezimmer entferne, und resultiert daraus, dass Mama mich gestern Abend zu einem Trinkspiel genötigt hat:

Mutter, ich und eine Flasche Raki hatten es uns in der hintersten Ecke der Hotellobby gemütlich gemacht. Jedes Mal, wenn eine russische Touristin an uns vorbeilief, deren Abendgarderobe mit dem Begriff »Pellwurst« umschrieben werden konnte, tranken wir. Als ich wieder zur Besinnung kam, war es dreizehn Uhr. Unsere Eltern hatten sich in einen roten Eimer verwandelt, der neben meinem Bett stand und zu einem guten Drittel mit den Erinnerungen der letzten Nacht gefüllt war. Erst eine SMS verriet, wo Mutter und Vater wirklich waren:

»Wir machen einen Tagesausflug in eine Textilfabrik. Sind gegen acht zurück.«

Zehn Minuten bevor sie am Abend in unser Hotelzimmer polterten, hatte mein Körper den Entschluss gefasst, auch seine anderen Körperöffnungen an den Freuden des letzten Abends teilhaben zu lassen. Kurze Zeit später klopft es zaghaft an der Badezimmertür:

»Lebst du noch?«

»Nein«, stöhne ich auf.

»Papa hat dir ein Polohemd gekauft«, ruft Mutter durch die Tür.

»Ich will kein Polohemd«, jammere ich.

»Das ist von Granada Deluxe!«, dringt Vaters Stimme aus dem Flur.

»Was ist denn Granada Deluxe?«

»Die Marke!«

Man bringe mir ein Aspirin und einen Raki.

Viele Grüße
Paul

PS: Ich soll dich von Vater fragen, ob du Interesse an einem hellblauen Polohemd hast. Von Granada Deluxe. Er würde dir auch eine Unterschrift von Lily Minogue besorgen.

* * *

Paris, 2014

Paul, mein Herz,
manche Säle des Musée du Louvre gleichen einer alten Kathedrale. Die unzähligen Kunstwerke aus mehr als dreitausend Jahren europäischer Kulturgeschichte verleihen den bunt verputzten Wänden etwas unglaublich Erhabenes. Die Tatsache, dass Touristen aus allen Ecken der Welt friedlich und andächtig durch die gewaltigen Hallen flanieren und voller Neugier und Wissensdurst ihren Audioguides lauschen, lässt mich dem naiven Gedanken anheimfallen, dass es trotz AfD, Pizzaburger und Tassenkuchen für die Mikrowelle doch nicht so schlecht bestellt ist um die menschliche Spezies. Eine tiefe Ausgeglichenheit ergreift mich, die Psychologen übrigens als Stendhal-Syndrom bezeichnen und die nicht einmal durch den Umstand getrübt werden kann, dass

Papa vier Anläufe gebraucht hat, um die Kopfhörer seines Audioguides richtig aufzusetzen. Damit wir die Dauerausstellung noch vor dem Ende der Fünften Republik wieder verlassen können, helfe ich ihm dabei, seinen kleinen Sprachführer zu bedienen:

»Zu laut?«, frage ich ihn.

»WAS?«, brüllt Papa durch die späte Renaissance.

»Ob das zu laut ist?«, wiederhole ich und deute ihm an, doch etwas leiser zu sprechen.

»ICH VERSTEH DICH NICHT!«

»Kein Grund so zu brüllen«, antworte ich akzentuiert.

»ICH VERSTEEEEH DICH NICHT!«, wiederholt Papa und deutet wie wild auf seine Kopfhörer.

»Ist ja gut«, flüstere ich.

»WAS?«, hallt es abermals von den Wänden wider.

»WAS?«, ruft Mama aus der anderen Ecke des großen Saales zu uns herüber.

»NICHTS!«, brülle ich entnervt zurück, bevor mich zwei Mitarbeiterinnen unter wilden »CHUT! CHUT!«-Rufen maßregeln, mit zügigem Schritt auf uns zumarschieren und uns unhöflich zurück ins Mittelalter scheuchen.

Die im Louvre doch sehr häufig anzutreffende künstlerische Verarbeitung weiblicher Nacktheit regt Mutter dazu an, sich stichprobenartig meinen sexuellen Vorlieben anzunähern. Alle fünf Minuten deutet sie auf irgendeine Darstellung weiblicher Geschlechtsmerkmale und flüstert in neunzig Dezibel durch den Saal:

»Gefällt dir so was?«

Wenn ich mich wortlos von ihr abwende, schiebt sie hinterher: »Zu viel Brust, oder? Papa. Hey, Papa. Zu viel Brust, oder?«

»WAS?«, brüllt Vater aus der anderen Ecke des Raumes zu uns herüber.

Nie ist eine Guillotine zur Hand, wenn man wirklich eine braucht.

Papa hat nach einer halben Stunde Dauerausstellung längst das Interesse verloren. Er widmet sich lieber dem großen Faltplan des Museums. Nach vier Tagen in einer Stadt, in der die Menschen komisch reden, das Essen komisch schmeckt und die Aussage »ünn Hefeweizen sill wu plee« mit Unverständnis honoriert wird, ist er endlich wieder Herr der Lage. Ratschlägen wie »Geh lieber jetzt, das nächste Klo kommt erst hinter den Etruskern!«, »Die flämische Romantik lohnt sich nicht!« oder »Willst du den Boticello gar nicht sehen?« versuche ich mit Nachsicht und Gelassenheit zu begegnen.

»WAS?«, ruft Mama zu uns herüber.

»BOTICELLO!«, brüllt Papa abermals.

»GERN!«, ruft Mama zurück. »Im Becher, ohne Sahne!«

Am Ende der Ausstellung haben wir Mama verloren. Eine SMS mit dem Wortlaut »Wo bin ich?« ignoriere ich. Während Papa sich dem Gästebuch des Museums widmet, ziehe ich mich auf das Besucher-WC zurück, um ungestört zu weinen. Als ich wiederkomme, ist auch Papa verschwunden. Folgenden Eintrag im Gästebuch kann ich mit relativer Gewissheit unserem Erzeuger zuordnen: »Die Feuerlöscher im Spätmittelalter sind seit vier Monaten abgelaufen. Warum war mein Audioguide auf Spanisch? Trotzdem gerne wieder.«

Auch Mutter wollte sich verewigen: »Hannah, wir warten draußen.«

Wo ist diese verfluchte Guillotine?

Deine Schwester
Hannah

Reden ist Silber

Obgleich alle Spuren des ehemaligen innerdeutschen Grenzübergangs an der Bornholmer Straße städtebaulich längst beseitigt wurden, ist die Bezirksgrenze zwischen Prenzlauer Berg und Wedding zumindest akustisch noch hervorragend erfahrbar:

»Isch geb dir in die Fresse, du Hurensohn«, sagte die junge Dame mit Kinderwagen und Kleinkind an der Hand, als sie lautstark telefonierend die Straßenbahn betrat.

Als überzeugter Feminist finde ich es sehr bewegend, dass auch junge Mütter durch gezielte Intonation, Stimmlage und Wortwahl jahrhundertealte, antiquierte Geschlechterbilder aufzubrechen versuchen:

»Du bist so eine verfickte Hure, du Hurensohn!«

Endlich hatte das Bestreben, die Geschlechtergleichstellung auch in der gesprochenen Sprache zu etablieren, die bildungsfernen Schichten der Bevölkerung erreicht:

»Isch fick dein Leben, du beschissene Arschfotze!«

So vermochte ich, als vehementer Gegner von Gentrifizierung und Globalisierung, ein aufkommendes Gefühl der Sympathie und Dankbarkeit kaum zu unterdrücken, als besagte junge Dame an der Grüntaler Straße zu uns in den Waggon stieg und durch ihr lautstarkes Telefonat das dänische Touristenpärchen schräg hinter mir dazu ermutigte, sich aus Kontext und Gesprächsverlauf heraus gegenseitig den Begriff »Arschfotze« zu erschließen.

Und auch wenn Umfang und Abwechslung des Wortschatzes besagter junger Dame noch etwas zu wünschen übrig ließen, stand der ehrenwerten Absicht, dem um sich greifenden Sexismus in unserer Sprache entgegenzuwirken, ganz offensichtlich längst nichts mehr im Wege:

»Isch ficke deine Mutter, du Hurensohn.«

Aber wer bin ich, über diese junge Frau und ihren Sprachduktus die Nase zu rümpfen. »Isch ficke deine Mutter, du Hurensohn.« Vielleicht nichts weiter als das gut gemeinte Angebot, der in Geldnot geratenen Mutter finanziell unter die Arme zu greifen. Wie? Durch die Inanspruchnahme ihrer selbstständigen beruflichen Dienstleistung: »Isch ficke deine Mutter, du *Huren*sohn.«

An der Station Prinzenallee verlassen ein paar der erfahrenen Pendler unauffällig unseren Wagenteil, nur um im vorderen Waggon der gleichen Bahn wieder einzusteigen. Sie sind nicht sonderlich getrieben davon, die Antwort auf jene beiden Fragen zu ergründen, die hier auf der Straßenbahnlinie M13 gerade im öffentlichen Raum stehen.

Nummer 1: Um wen mag es sich bei besagtem »Hurensohn« eigentlich handeln? Einen Mann? Eine Frau? Alt oder jung? Verwandt, verschwägert oder doch nur ein Angestellter der Agentur für Arbeit?

Nummer 2: Können wir uns überhaupt sicher sein, dass diese junge Dame nicht einfach geistig arg umnachtet ist und, dem stadtweiten Trend folgend, ihren Wahnsinn dadurch kanalisiert, dass sie seit geschlagenen drei Stationen mit einem Freizeichen telefoniert?

»Wie redest du denn mit mir, du Fotzentroll?«, brüllt die junge Dame durch den voll besetzten Wagen.

Ein Satz, den man sich als literaturliebende Seele einfach mal in Ruhe auf der Zunge zergehen lassen muss: »Wie redest du denn mit mir, du Fotzentroll?« Das ist nicht nur der weit weniger bekannte zweite Satz des weltberühmten Fantasyromans *Der Hobbit* von J. R. R. Tolkien, sondern auch Grund und Ursache, weshalb sieben Menschen in dieser Straßenbahn im darauffolgenden Moment die Entscheidung fällen, den *Hundertjährigen, der aus dem Fenster stieg und verschwand* lieber zu Hause weiterzulesen. »Wie redest du denn mit mir, du Fotzentroll?« Ein synchrones Augenrollen in einer Weddinger Straßenbahn kann ein paar Kilometer weiter einen Taifun auslösen.

An der Drontheimer Straße steigt eine zehnköpfige Gruppe niederbayerischer Touristen in unsere Bahn. Eine der Damen flüstert, sie seien extra aus dem vorderen Waggon in unseren gekommen.

»So was hamma nämlich in Kelheim ned«, zischelt sie aufgeregt.

Der Däne hinter mir hebt mahnend seinen Finger an die Lippen. Andächtig lauschen wir gemeinsam der geheimnisvollen Szenerie.

»*Hab ich dir doch gesagt, du Spast!*«, schallt es durch die Bahn.

»Excuse me«, wendet sich das dänische Touristenpaar leise in meine Richtung. »What's a Spast?«

»Spast?«, fährt ein junger Araber dazwischen. »You don't know what a Spast is?«

»No«, antworten die Dänen verschüchtert.

»That's a very small bird«, antwortet der junge Araber.

An der Osloer Straße erfährt das Kammerspiel eine unverhoffte Wendung: ein plötzlicher Geschlechterwechsel.

»*Was willst du denn von mir, du Hure?*«

Ein paar der Zuhörer blicken sich verwirrt und fragend an. Ein Rentnerehepaar, das bisher nicht sonderlich in Erscheinung getreten ist, bestätigt sich gegenseitig, dass die junge Dame wirklich »Hure« gesagt habe.

»She said ›Hure‹. That's female«, flüstert der junge Araber dem dänischen Touristenpärchen hilfsbereit zu.

»DIE Hure?«, fragt die Dänin.

»Yes. DIE Hure«, bestätigt der junge Araber.

Die Niederbayern diskutieren, wie dieser unerwartete Geschlechterwechsel zu erklären sei.

»Des is gwieß so a Freisprecheirichtung«, verkündet ein vollbärtiger, wuchtiger Mann aus ihrer Mitte.

Ich werfe den Begriff »Konferenzschaltung« dazwischen.

Es folgt ein kurzer, flüsternder Diskurs darüber, ob die junge Mutter »Was willst DU denn, du Hure?« oder »Was willst du DENN, du Hure?« gesagt habe. Als die junge Mutter sich an der Station Louise-Schröder-Platz kurzzeitig von uns abwendet, erfolgt eine stumme Abstimmung per Handzeichen. Fünf für »denn«. Elf für »du«. Dann die aufklärende Wiederholung:

»Was willst du DENN, du Hure?«

»Konferenzschaltung!«, sagt einer der Niederbayern abfällig in meine Richtung und tippt sich mit dem Finger mehrmals an die Schläfe.

»Ey, das weiß doch jeder, du Opfer!«

Im ganzen Wagenteil bricht eine verhaltene Unruhe aus. Zwölf Münder formen geräuschlos die Frage »Was weiß jeder?«.

Nächster Halt: Osram-Höfe. Den Niederbayern dämmert, dass sie eigentlich an der Osloer Straße hätten aussteigen müssen. Eilige Blicke auf die digitale Fahrtzeitanzeige der Gegenrichtung.

»Eine Station geht noch«, sagt der junge Araber gutmütig.

»Ey, 'sch hab gesagt, weiß doch jeder, du Opfersohn!«, wiederholt die junge Mutter aufgebracht.

»Opfersohn«, rekapituliert eine niederbayrische Touristin und klatscht vor lauter linguistischer Begeisterung in ihre Hände.

»Ich schwör, eine verfickte Schlampe ist dein Mann!«, resümiert die junge Mutter lautstark.

Abermals bricht im ganzen Wagenteil Unruhe aus. Während

das ältere Ehepaar den Satzbau kritisiert und die Niederbayern ihre Umsteigemöglichkeiten eruieren, fragt die dänische Touristin flüsternd:

»Is it DIE or DER Schlampe?«

»DIE Schlampe«, antworte ich.

»But it's DER Mann, not DIE Mann, right?«

»Yes. DER Mann. DIE Schlampe.«

»But male Schlampe is female Schlampe, too«, ergänzt der junge Araber bedeutungsschwer.

Die Frau des Rentnerehepaars nickt heftig und bestätigend, woraufhin ihr Ehemann sie mit wutentbrannten Blicken mustert.

»Dis is mir doch egal, du Knecht«, brüllt die junge Frau ins Telefon, während sie den Kinderwagen am U-Bahnhof Seestraße aus der Straßenbahn bugsiert.

»Schönes Schlusswort!«, ruft die Frau des Rentnerehepaars erleichtert in die Runde.

»Ja. Hört ma viel zu selten heutzutage!«, pflichtet ihr einer der Niederbayern in klarem Hochdeutsch bei.

»Ihr müsst hier aussteigen, du Knecht«, ruft ihnen der junge Araber aus der offenen Tür entgegen.

Panisch eilen ihm die Niederbayern hinterher.

»Excuse me once again«, spricht mich das dänische Touristenpärchen ein letztes Mal an. »Is this the streetcar to Schönhauser Allee?«

»No«, sage ich. »It's really not.«

»Arschfotze!«, sagen die Dänen freundlich und springen im letzten Augenblick aus dem Waggon.

Hinterhof, mon amour: Der Mann fürs Leben

Rita   Herta!

Herta   Wat'n?

Rita   Herta!

Herta   Ja, wat'n?

Rita   Komm doch ma' ans Fenster!

Herta   Jaja. Wat is'n los?

Rita   Herta ... ick hab wen kennjelernt.

Herta   Schon wieder?

Rita   Ja! Bei Penny!

Herta   Na und?

Rita   Diesma' isser's aber!

Herta   Diesma' isser wat?

Rita   Der Mann fürs Leben!

Herta	Ach Rita!
Rita	Wat'n!
Herta	Der Mann fürs Leben!?
Rita	Ja!
Herta	Mensch, Rita!
Rita	Wat'n?
Herta	Dit is doch in unserm Alter keene Kunst mehr!

In drei Zügen schachmatt

Wenige Minuten, nachdem unser ICE den Bahnhof Berlin-Spandau verlassen hat, erheben sich die ersten Rentner, um sich langsam und allmählich auf ihren Ausstieg in Hannover vorzubereiten.

Als ich Stunden später irgendwo zwischen Bielefeld und Hamm aus einem unruhigen Schlaf gerissen werde, weil mir ein 6- bis 7-jähriges Kind im Sitz gegenüber kleine Popelbällchen ins Gesicht schnippt, formiert sich eine sehr alte Erkenntnis vor meinem irren Auge: Du sollst nicht Bahn fahr'n!

Es ist eine kaum von der Hand zu weisende Tatsache, dass die größte Unannehmlichkeit an Zugreisen die bunte Vielfalt an hochgradig nervtötenden Mitreisenden ist. Und da sich nur sehr selten der glückliche Umstand ergibt, sich auf einer Bahnreise zwischen München und Berlin ein privates Abteil mit einem Passauer Verein taubstummer Briefmarkensammler zu teilen, folgen nun drei einfache Ratschläge, wie man sich in einem ICE der Deutschen Bahn ein bisschen Platz, Ruhe und Frieden erkämpfen kann:

1. Die Körperpflege

In Berlin ist es seit den Anfängen des öffentlichen Nahverkehrs eine wohl gehegte Tradition, auf jedwede Art der Körperpflege gänzlich zu verzichten, um selbst zu Stoßzeiten einen kompletten U-Bahn-Waggon für sich alleine zu ergattern. Tatsächlich wurde die gesamte U-Bahn-Linie 8 konzipiert und gebaut, einzig und allein, um das übrige Streckennetz der Hauptstadt olfaktorisch zu entlasten.

Bei einer Fernreise mit einem Zug der Deutschen Bahn jedoch ist unbedingt zu beachten, dass aufgrund der langen Verweildauer eine allzu mangelhafte Körperhygiene sehr schnell zu einem Schnitt ins eigene Fleisch werden kann. Nutzen Sie die lange Reisezeit zwischen Hamburg und München lieber, um Ihrem Körper genau die Aufmerksamkeit und Pflege zukommen zu lassen, die er verdient.

Wenn Ihr Gegenüber die hart gekochten Eier aus seinem Reiserucksack hervorkramt und Ihnen ein Gespräch über die Außenpolitik Israels aufzwingen will, ist genau der richtige Zeitpunkt gekommen, um mit dem Schneiden der eigenen Fußnägel zu beginnen. Sollten Sie sich auch von anderen Mitreisenden in Ihrem erweiterten Umfeld gestört fühlen, ist eher ein Nagelknipser zu empfehlen. Auch eine Hornhautraspel sollte in keinem Reisegepäck fehlen. Sind Sie mit Ihrem Partner auf Reisen? Dann raspeln Sie sich doch einfach gegenseitig!

Bei sommerlicher Bekleidung nutzen Sie die Steckdose unter Ihrem Sitz und trimmen Sie die Brücke zwischen Brust- und Rückenhaar. Vergessen Sie nicht, dass gerade im höheren Alter auch in Nase und Ohren gerodet werden muss. Kümmern Sie sich auch um Ihre Poren, um Ihr Nagelbett und die Flusen in Ihrem Bauchnabel.

Aber ich bitte Sie, mit welchem Ihrer Körperteile Sie sich auch gerade beschäftigen mögen: Vergessen Sie niemals Ihre guten Manieren. Bieten Sie auch Ihrem Gegenüber an, seine oder ihre Zunge gleich mit abzuschaben, wo Sie schon mal dabei sind. Ihr Ziel sollte es sein, den kleinen Mülleimer neben Ihrem Sitz mit nichts anderem als körpereigenen Abfällen zu füllen. Sie werden dabei sicherlich vollkommen ungestört bleiben.

2. Die Ernährung

Besonders in einem ICE, der kulinarische Metropolen wie Bielefeld und Leipzig miteinander verbindet, wird es schwer sein, durch ein selbst zusammengestelltes Lunchpaket genügend Ablehnung und Ekel zu erzeugen, um sich selbst einen freien Platz, geschweige denn eine komplette Vierersitzgruppe zu erstreiten. Die größte Konkurrenz geht dabei von den Zwiebelmettbrötchen sächsischer Rentnergruppen und dem bahneigenen Cappuccino aus.

Zudem stellt sich die nicht ganz unbegründete Frage, ob eine Lebensmittelvergiftung nicht ein etwas hoher Preis ist für einen Fensterplatz in Fahrtrichtung. Ich persönlich habe die bisher besten Ergebnisse mit einer Thermoskanne lauwarmem Apfelsaft und dem gut sichtbar drapierten 8oer-Jahre-Bestseller »Urin – Ein ganz besonderer Saft« erzielt. Kleine, regelmäßige Schlucke und gelegentliches Gurgeln können im Ruhebereich eines Großraumabteils wahre Wunder bewirken. Diese Methode ist besonders für Fahrgäste mit Konfirmandenbläschen geeignet. Dabei ist stets darauf zu achten, die Thermoskanne auch beim Toilettengang mit sich zu führen und alsbald, nach der Rückkehr zu seinem Sitzplatz, einen neuen tiefen Schluck zu nehmen.

3. Der erste Eindruck

Der größte Platzhirsch auf allen gängigen ICE-Strecken und somit auch die größte Konkurrenz auf meiner Jagd nach einem friedvollen Sitzplatz sind junge Mütter mit Kind. Ein Kollege aus dem Badischen empfahl mir unlängst, derartigen Mitreisenden durch massiven Alkoholgenuss beizukommen – das sogenannte »Rheinische Manöver«. Was bei Kölner Junggesellengruppen oder Wehrpflichtigen durchaus funktionieren mag, ist bei Menschen wie mir allerdings eine völlig sinnlose Taktik, da ich von Alkohol lediglich müde und sehr geruchsempfindlich werde. Was wiederum Mütter mit kackkonditionierten Kleinkindern sehr wohl auszunutzen wissen. Zudem habe ich bereits an Weihnachten 2008 erfolgreich eine Taktik erprobt, die seither zu meinem ständigen Begleiter, meinem Markenzeichen avanciert ist:

Vor jeder noch so langen Reise erstehe ich am Bahnhof meiner Abfahrt das schmutzigste, expliziteste Erotikmagazin, das sich in den gut gefüllten Regalen finden lässt. Habe ich nun meinen Sitzplatz erreicht und bin umgeben von rüstigen Rentnern, lautstark schwatzenden Hausfrauen, antiautoritär erziehenden Müttern und unaufhörlich telefonierenden Geschäftsmännern, beginne ich damit, mit einer roten Kinderschere alle primären und sekundären Geschlechtsmerkmale aus meinem Magazin herauszuschneiden, nach Größe, Geschlecht und Farbe zu sortieren und mit einem Pritt-Stift in ein kleines rotes Sammelheft zu kleben.

Meine Mutter hatte die zweifelhafte Ehre, dieses Spektakel und seine Wirkung auf meine Mitreisenden ein einziges Mal mitzuerleben. Seitdem bekomme ich jedes Jahr zu Weihnachten, kurz bevor ich für ein paar Tage in die alte Heimat fahre, ein ganz besonderes Nikolausgeschenk: ein sehr, sehr schmutziges Erotikmagazin.

Send in the Klaus

Heutzutage ist mir diese spröde Verbitterung, die ich tagein, tagaus mit mir umhertrage, zu einem engen, fast unverzichtbaren Freund geworden. Wie unwirklich erscheint es mir, dass ausgerechnet ich einst ein hoffnungsvoller junger Mann gewesen sein soll, der ganze Nachmittage zu opfern bereit war, um die große, die eine, die wahre Liebe zu finden. Und obgleich die meisten dieser mitunter sehr bizarren Begebenheiten im gütigen Nebel des Vergessens versunken sind, ist mir ausgerechnet das folgende Erlebnis allzu genau im Gedächtnis verblieben:

So kam es seinerzeit bei jenem denkwürdigen Kennenlernen zwischen Klaus und mir zu diesem einen magischen Moment. Diesem eindringlichen, intensiven Augenblick, in dem man seinem Gegenüber tief versunken in die strahlend blauen Augen blickt, alles Laute, Grelle und Störende um sich herum vergisst, einen tiefgründigen, verzückten Gesichtsausdruck auflegt und anfängt, sehr intensiv darüber nachzudenken, dass man unbedingt noch Toilettenpapier kaufen muss.

Klaus Maszinsky war atemberaubend! In jeder erdenklichen Hinsicht atemberaubend. Atemberaubend anziehend, atemberaubend wohlerzogen, aber auch atemberaubend uninteressant. Im Grunde hätte ich dankbar dafür sein können, dass der junge Mann vor lauter Verschüchterung kaum ein anständiges Wort herausbrachte. Zu einigen hoffnungsvollen und überaus charmanten Ein-Wort-Antworten war er zwar fähig gewesen: Ein faszinierendes »Ja«, ein tiefgründiges »Nein« oder ein schlagfertiges

119

»Manchmal« hatte er durchaus hervorgebracht. Doch diese kommunikativen Glanzlichter waren selten geblieben. Und als wäre dieser Umstand noch nicht schlimm genug, hatte der hinreißende Klaus ein hochnervöses Konfirmandenbläschen. Nach nahezu jedem Schluck seines Ingwer-Anis-Tees verschwand der Siegfriedgleiche Hüne und ließ das Rheingold sprudeln. Rückblickend kann ich mir kaum erklären, wieso ich keine einzige dieser zahlreichen Gelegenheiten zur Flucht genutzt habe.

»Was machst du denn so?«, rang ich mir schließlich eine Frage ab, als es dem guten Klaus unerwartet gelang, etwas Flüssigkeit für die Dauer eines kurzen Dialogs bei sich zu behalten.

»Ich bin selbstständig«, sagte er, nahm einen Schluck von seinem Tee und schwieg.

Abermals empfand ich das dringende Bedürfnis, meine Jacke überzustreifen, mit einem Barhocker die große gläserne Vorderfront des Cafés zu zertrümmern und so schnell mich meine Beine tragen konnten davonzurennen. Erwartungsvoll blickte ich zu Klaus hinüber. Zuerst blickte er nur still in mein Gesicht, dann aber nahm er wieder einen kleinen Schluck von seinem Tee, trank anmutig und leise, setzte seine Tasse ab, ließ einen Augenblick höchster Spannung verstreichen und schaute – oh Überraschung! – ungeniert und mit tiefem, leerem Blick zu mir herüber.

»Äh, was denn genau?«, bohrte ich halbherzig nach.

»Ich praktiziere«, sagte er stolz.

Oho, ein Arzt. Und noch dazu polnischer Abstammung! Mutter wäre in diesem Moment sehr stolz auf mich gewesen.

»Welche Fachrichtung?«

»Geistheilung.«

»Herr Ober, zahlen bitte!«, dachte ich.

Als Großstadthomosexueller sah ich mich in dieser misslichen Situation einer Kosten-Nutzen-Analyse ausgeliefert. So hatte ich nicht nur einen freien Samstagnachmittag, sondern nicht zuletzt einen Milchkaffee und ein Stück Käsekuchen in jemanden investiert, der zwar ungemein gut aussehend war, aber Visitenkarten mit sich herumtrug, auf denen die Wortkombination »Fachmann für Schamanismus, ganzheitliche Transzendenz und Geistheilung« zu finden war.

»Ich bin aber keiner von diesen AstroTV-Spinnern!«, verteidigte sich Klaus. Ein zweites Mal fiel mein Blick auf seine Visitenkarte: »KlausDasKindDesLichts@t-online.de«.

»Die machen mit ihrem Gewäsch doch nur den Ruf der ganzen Gilde kaputt!«, beschwerte er sich.

Kurz verlor ich mich in der Überlegung, wann ich wohl zum letzten Mal den Begriff »Gilde« gehört hatte: Sozialkundeunterricht, dritte Klasse, bevor man als achtjähriger Knopf zur Terminologie für Erwachsene übergeht und anfängt »Zunft« zu sagen, dachte ich.

»Das ist doch kriminell!«, beschwerte sich Klaus. »Nur weil diese ungefickten Hausfrauen Karten legen und Räucherstäbchen anzünden, sind die doch noch lange keine vollwertigen Schamanen. Dazu gehört eine Menge Berufserfahrung!«

»Wie alt bist du denn?«, hakte ich neugierig nach.

»Ich werd' im Sommer fünfundzwanzig.«

»Die meisten von diesen Hochstaplern«, fuhr er augenblicklich fort, »die haben doch nicht die leiseste Ahnung, was sie mit ihrem Hokuspokus überhaupt anrichten.«

»Habe ich die Kaffeemaschine ausgemacht?«, dachte ich.

»Stell dir mal vor, du verschreibst einem Patienten, der eigentlich ein Amethyst-Charakter ist, einen ordinären Jadestein. Der wird doch seines Lebens nicht mehr froh!«

»Ich muss Mutter noch anrufen!«, kam es mir in den Sinn.

»Ich hab mal eine Frau getroffen, die hat tatsächlich eine Flatrate für Geistheilungen angeboten. Eine Flatrate!«, erboste er sich.

»Spülschwämme. Ich habe keine Spülschwämme mehr im Haus.«

Nun ist zwischenmenschliche Toleranz keine Frage der Erziehung, keine Frage der politischen Bildung, keine Frage der religiösen Ansichten, sondern einzig eine Frage des Hormonspiegels. Wenn ein gewisser Erregungszustand erreicht ist, verzeiht das menschliche Gemüt die gröbsten Unterschiede. Besonders für Vertreter des männlichen Geschlechts verlieren Aussagen wie »Sympathie entscheidet« oder »Was wirklich zählt, ist der Charakter« sehr schnell an Bedeutung, sobald die richtigen Anreize geschaffen werden. Ich selbst bin da keine große Ausnahme. Denn als dem KindDesLichtes nach meinem vierfachen Gähnen allmählich dämmerte, dass die innere Flamme meiner Leidenschaft langsam zu erlöschen drohte, da rieb der gute Klaus urplötzlich seinen sommerlich nackten Unterschenkel an meinem Bein.

»Ich kann übrigens Massage«, flüsterte er.

Und so wanderten wir knappe zehn Minuten später die Prenzlauer Allee hinunter, um unser bisheriges Gespräch andernorts auf eine eher nonverbale Weise fortzusetzen.

»U-Bahn oder Tram?«, fragte ich Klaus, als wir den Alexanderplatz erreichten.

»Ich fahr' keine U-Bahn«, antworte er wie selbstverständlich. »Außerdem muss ich noch mal kurz da rüber«, schob er hinterher und deutete auf einen unscheinbaren kleinen Laden im Schatten eines der letzten schlammgrauen Plattenbauten.

»Wieso?«, rief ich ihm hinterher, als er strammen Schrittes über die breite Kreuzung marschierte.

»Ich muss noch was besorgen.«

»Nein. Wieso du keine U-Bahn fährst.«

»Energieknoten!«, antwortete Klaus. »Negative Energieknoten. Die Bahn ist voll davon. Das ist pures Gift für eine gesunde Aura!«

»Massage«, sagte ich mir gebetsmühlenartig. »Er kann Massage!«

»Hallo. Ich bräuchte weißen Salbei, bitte.«

Der winzige Laden in der Wadzeckstraße war in ein neongrelles Licht gehüllt.

»Irischen, finnischen oder biologisch angebauten aus der Uckermark?«, erklang eine raue Stimme hinter dem Tresen, bevor das fahle Gesicht einer wasserstoffblonden Frau hinter der Registrierkasse hervorlugte. Sie war in eine tiefgrüne Tunika gehüllt.

»Ach, eine von den ungefickten Hausfrauen«, fuhr es mir durch den Kopf, als ich die bunte Runenornamentik auf ihren Fingernägeln bewunderte. Um ihren Hals baumelte ein walnussgroßer Jadestein.

»Welcher ist denn besser?«, riss mich Klaus aus meinem tranceartigen Zustand misanthroper Begeisterung.

»Wat ham' Se denn vor damit?«

In den Regalen um uns herum stapelten sich Duftkerzen und farbiges Brennwerk. Kleine Figürchen und Gottheiten lagen in der Auslage. Kelche, Kristalle und Kaninchenpfoten reihten sich an Dolche, Schalen und schimmernde Glaskugeln.

»Ausräuchern!«, sagte Klaus bedeutungsschwer.

»Wohnung oder Arbeitsplatz?«, entgegnete die Verkäuferin.

»Das ist bei mir das Gleiche.«

Von der einzigen freien Wand im Raum starrten ein schielender Indianer, zwei misslungene Wölfe und ein Dutzend bunte Drachen aus Plakafarbe auf uns herab.

»Ich hab oft Menschen mit einer schlechten Aura bei mir daheim«, fügte Klaus erklärend hinzu.

»Schlampe!«, dachte ich.

»Wat machen Se denn?«, erkundigte sich die Verkäuferin.

»Ich bin Geistheiler«, antwortete Klaus. Peinlich berührt schaute ich hinauf in die Augen des schielenden Indianers.

»Dit hab ick och ma jemacht. Dann hab ick davon Rheuma jekriegt.«

»Er kann Massage«, dachte ich. »Er kann Massage!«

»Ick mach' dir mal 'ne Mischung«, sagte die vollvegane Hobbyhexe aus Marzahn. »Weißer Salbei, Irish Moos. Dit nehm' ick och immer. Damit kriegste allet aus der Wohnung. Auch dit allergrößte Auraopfer!«

Anschuldigend blickte die Verkäuferin zu mir herüber.

Als Klaus nicht nur den weißen Salbei und das irische Moos, sondern auch noch eine Zwillingskerze, einen chinesischen Tischbesen, zwei getrocknete Eidechsen und einen hawaiianischen Bergkristall erstanden hatte, hatte mein Hormonspiegel sich längst wieder im numerischen Bereich meiner Schuhgröße eingependelt.

»Dit macht dann 196 Euro.«

Meine Innereien verkrampften sich zu einem negativen Energieknoten. Ohne mit der Wimper zu zucken, zückte Klaus seine Geldbörse.

»Wir nehmen auch Kreditkarten«, sagte die Verkäuferin und deutete auf einen laminierten Zettel, der unter der Registrierkasse klebte: »Wer bei uns Diebstahl begeht, wird nicht nur zur Anzeige gebracht, sondern auch noch mit einem Unglücksfluch belegt. Für das Entfernen dieses Fluches erheben wir eine Bearbeitungsgebühr von 75 Euro.«

»Und?«, fragte Klaus, als wir wenige Momente später zurück auf die Straße traten. »Kommste noch mit zu mir?«

Ein alberner lüsterner Blick überzog sein männlich kantiges

Gesicht. Unweigerlich musste ich an den schielenden Indianer denken.

»Ich weiß nicht«, sagte ich zweifelnd, während das Wort »Massage« in meinem Kopf verhallte. »Vielleicht fahr' ich doch lieber nach Hause.«

»Ja, das hab ich schon gespürt«, sagte Klaus und griff verständnisvoll an meine Schulter. »Auradivergenz!«, sagte er mitfühlend.

»Auradivergenz«, wiederholte ich.

In der U-Bahn auf dem Weg nach Hause überkam mich ein leises Zweifeln. Hatte ich vorschnell geurteilt? Hatte Klaus nicht doch eine zweite Chance verdient? Zumindest eine entschuldigende Nachricht wollte ich ihm schicken. Also begann ich widerwillig, einige Worte in mein Telefon zu tippen. Angestrengt versuchte ich Begrifflichkeiten wie »Vorsehung«, »Geistwesen« und »Auradivergenz« zu vermeiden. Als ich die SMS schließlich versenden wollte, gab mein Handy ein merkwürdiges Geräusch von sich. »Die Nachricht konnte nicht gesendet werden«, leuchtete es mir vom kleinen Display entgegen. »Komisch!«, dachte ich und starrte in den dunklen U-Bahn-Schacht hinaus. »Muss irgendwie an den negativen Energieknoten liegen.«

Hinterhof, mon amour: Vorsorge

Rita   Herta!

Herta   Wat'n?

Rita   Herta!

Herta   Ja, wat'n?

Rita   Komm doch ma' ans Fenster!

Herta   Jaja, wat is'n los?

Rita   Du Herta, haste schon jelesen?

Herta   Wat soll ick denn jelesen haben?

Rita   Die neue Apothekenumschau!

Herta   Nee!

Rita   Da geht's grad um Patientenverfügung.

Herta   Aha.

Rita   Haste sowat? Für den Notfall?

Herta   Nee. Aber sowat ähnlichet.

Rita   Wat denn?

Herta   'nen Strick, Rita!

Polohemd – der Tragödie zweiter Teil

Mutter	Hallo.
Paul	Hallo.
Mutter	Hier ist deine Mutter.
Paul	Ich weiß.
Mutter	Woher?
Paul	Wie »woher«?
Mutter	Na, woher du weißt, dass ich es bin.
Paul	Ich hab seit zwölf Jahren ein Telefon mit Rufnummernanzeige.
Mutter	Haben wir das auch?
Paul	Ja.
Mutter	Sicher?
Paul	Guck mal auf dein Telefon.
Mutter	O.k.
Paul	Und? Was steht da?
Mutter	Paul.
Paul	Na siehste!
Mutter	Was »na siehste«? Ist doch keine Rufnummer!
Paul	Ich will nicht ungeduldig erscheinen, aber warum rufst du an?
Mutter	Dein Vater möchte mit dir sprechen.
Paul	Ich will auch nicht unhöflich erscheinen, aber genau genommen ist das keine adäquate Antwort auf meine Frage.
Mutter	Was?

Paul	Warum du anrufst.
Mutter	Hab ich doch gesagt: Dein Vater möchte mit dir sprechen.
Paul	Was will er denn?
Mutter	Was fragst du mich? Kann er dir doch selbst erzählen.
Vater	Hallo.
Paul	Wer ist da?
Vater	Dein Vater.
Paul	Wer?
Vater	Hast du keine Rufnummernanzeige?
Paul	Dochdoch.
Vater	Sag mal, bist du noch bei Feeesbug?
Paul	Wo?
Vater	Na, Feeesbug!
Paul	Wo?
Vater	Na, Feeesbug! Von dem Zuckermann?
Paul	Wem?
Vater	Dem Zuckermann!
Paul	Bei Feeesbug?
Vater	Ja.
Paul	Von dem Zuckermann?
Vater	Ja!
Paul	Wieso?
Vater	Ich hab bei ihh-bai ein Polohemd gewonnen?
Paul	Wo?
Vater	Na bei ihh-bai.
Paul	Gewonnen?
Vater	Ja.
Paul	Bei eBay?
Vater	Ja!

Paul	Hast du dafür bezahlt?
Vater	Ja.
Paul	Dann hast du's nicht gewonnen.
Vater	Nee. Gekauft. Aber sehr billig.
Mutter	*(Aus dem Off.)* Gar nicht billig!
Paul	Und jetzt?
Vater	Is' mir zu klein.
Mutter	*(Aus dem Off.)* Viel zu klein!
Paul	Du Papa, ich hab' dir schon mal gesagt, dass ich keine alten Sachen von dir anziehen werde.
Vater	Woran du immer denkst!
Paul	Das wolltest du doch!
Vater	Was?
Paul	Dass ich dein altes Polohemd anziehe!
Vater	Das ist nicht alt!
Paul	Ich werd' auch kein neues Polohemd von dir anziehen.
Mutter	*(Aus dem Off.)* Hab' ich dir doch gesagt, der nimmt das nicht.
Vater	Also: Bist du noch bei Feeesbug?
Paul	Ab und zu.
Vater	Vielleicht will das da ja einer.
Paul	Wo?
Vater	Na, bei Feeesbug.
Paul	Nee.
Vater	Sicher?
Paul	Ganz sicher.
Vater	Vielleicht ja doch.
Paul	Nee, bestimmt nicht.
Vater	Du weißt doch gar nicht, wie das aussieht!
Paul	Was?

Vater	Na, das Polohemd.
Paul	Dochdoch, ich hab da so 'ne Ahnung.
Vater	Was?
Paul	'ne Ahnung!
Vater	Glaub' ich nicht!
Paul	Soll ich raten?
Vater	Ja, mach doch!
Paul	Es sieht aus wie eine Eissorte.
Vater	Was?
Paul	Pistazie, Mango, Zitrone, Erdbeere oder Schlumpf.
Vater	Was ist denn Schlumpf?
Paul	Na, Schlumpfeis.
Vater	Nee. Schlumpfeis is' viel dunkler.
Paul	Also Schlumpf. Siehste!
Vater	Zufall!
Paul	Und überall Aufnäher.
Vater	Was?
Paul	Aufnäher! Übersät mit Aufnähern! Maritimes Zeug. Kompass, Anker, Schiffe, Seile und mindestens ein Steuerrad.
Vater	Nee!
Paul	Sicher?
Vater	Keine Seile!
Paul	Und irgendwo eine kindskopfgroße zweistellige Zahl, die Männern Anfang sechzig das trügerische Gefühl geben soll, irgendwann zwischen Mauerbau und Mondlandung geboren worden zu sein.
Vater	Ha!
Paul	Was?
Vater	'72!
Paul	Was?

Vater	Na, '72! Da stand die Mauer schon, und der Mond war längst bewohnt!
Paul	Bewohnt?
Vater	Besiedelt.
Paul	Besiedelt?
Vater	Besucht!
Paul	Ich hatte trotzdem recht!
Vater	Womit!
Paul	72! Da warst du zwanzig!
Vater	Ist doch egal. Bist du wirklich sicher, dass das keiner von dir will?
Paul	Ja!
Mutter	*(Aus dem Off.)* Hab ich dir doch gesagt, der nimmt das nicht.
Vater	Probier doch mal!
Paul	Nee!
Vater	Du kennst doch so viele Leute.
Paul	Papa!
Vater	Die ganzen Leute!
Paul	Was denn für Leute?
Vater	Na, deine Leser!
Paul	PAPA!
Vater	Da muss doch EINER dabei sein! Ich schick dir auch ein Bild!
Paul	Bitte nicht.
Mutter	*(Aus dem Off.)* Hat er aber schon!
Paul	Na, super.
Vater	Haste?
Paul	Was?
Vater	Das Bild.
Paul	Jaja.

Vater	Und?
Paul	Schade!
Vater	Wieso schade?
Paul	Wär' eine '82 auf dem Shirt, hätt' ich's glatt genommen.
Vater	Im Ernst?
Paul	Nee, Papa. Nicht im Ernst.
	(Ende der Szene)

Besuch vom RBB

Ich möchte keineswegs behaupten, dass man bei OBI ein wenig arbeitsscheuer ist als bei anderen Baumärkten, als ich aber einen Karton Hohlraumdübel aus dem Regal nehme und dahinter einen Mitarbeiter entdecke, habe ich doch ein wenig Mühe, besonders überrascht zu tun: »Entschuldigung, kann ich Sie was fragen?«

Der OBI-Baumarkt an der Weddinger Voltastraße ist meine persönliche Krafthöhle. Immer wenn es mir schlecht geht, gehe ich dorthin. In Wirklichkeit oder in Gedanken. Dass die Mitarbeiter dort auf die Frage »Kann ich Sie was fragen?« in den letzten 35 Jahren kein einziges Mal anders geantwortet haben als mit »Ob Sie könn', weiß ich nicht, aber Sie könn's gerne mal versuchen!«, bildet für mich eine der wenigen Konstanten in einer von Vernunft und Weisheit befreiten, schnelllebigen Welt. Einer Welt, in der mich optisch optimierte Hostessen im Supermarkt an der Ecke forsch aus meiner autistischen Alltagsroutine reißen, nur um mich zu fragen, ob ich schon den neuen vollveganen Fleischsalat von Rügenwald probiert habe, und in der mich die Onlinewerbung meines Browsers dazu auffordert, mir die neue Oral-B-Zahnputz-App herunterzuladen, um meinen persönlichen Putzerfolg bei Twitter, Instagram und Facebook zu teilen.

So konnte ich im ersten Moment nur vage nachvollziehen, dass der eigentlich so strenggläubige Rentner nebenan wegen der neuen Rundfunkgebühr gleich aus der katholischen Kirche ausgetreten ist.

»17,98 Euro!«, hatte der alte Herr Klebnitz gemosert, als ich ihm eines Morgens im Treppenhaus begegnet war.

»17,98 Euro!«, wiederholte er.

»Was sind denn schon 17,98 Euro?«, dachte ich.

»Zu wenig!«, scheint das Gesicht der jungen Frau vom RBB zu sagen, während sie mich vor meinem Weddinger Wohnhaus für einen Fernsehbeitrag über mein letztes Buch in die Mangel nimmt. »Viel zu wenig!«, ruft es mir entgegen, als sie beginnt, mir charmant und mit sieben einfachen Worten vor Augen zu führen, dass investigativer Journalismus beim Rundfunk Berlin-Brandenburg noch immer ziemlich großgeschrieben wird:

»Sind Sie eigentlich mit Charles Bukowski verwandt?«

Der Weg in die Abendschau ist gepflastert mit guten Absichten.

»Und alles nur wegen Hitler!«, hatte Herr Klebnitz gemurmelt, als ich ihn zwei Tage nach unserer ersten Begegnung bei den Mülltonnen wiedergetroffen hatte.

»Bitte?«, hatte ich vorsichtig nachgehakt.

»Die GEZ! Alles nur wegen Hitler!«, sagte der verhärmte Mann erbost.

Er ist schon ein ziemlich gutes Beispiel dafür, unser Herr Klebnitz, dass man ein Leben lang ARD und ZDF schauen und trotzdem meilenweit am Bildungsauftrag der öffentlich-rechtlichen Rundfunkanstalten vorbeirauschen kann. Und welche Frage könnte genau diesen Bildungsauftrag besser verdeutlichen als:

»Herr Bokowski, kann man eigentlich vom Schreiben leben?«

Vorbeilaufende Weddinger zeigen mit dem Finger auf uns und lachen abfällig.

Dass mehr als 65 Jahre öffentlich-rechtlicher Bildungsauftrag durchaus auch Früchte tragen können, beweist eine kleine Gruppe von halbstarken Jugendlichen, die sich in sicherer Entfernung vor dem Spätkauf gegenüber breitgemacht haben. Als das dreiköpfige Team vom RBB sich mit Mikrofon, Stativ und Kamera vor dem silbergrauen Kleintransporter mit der dicken Aufschrift RBB aufbaut, ruft einer der Jugendlichen feixend zu uns herüber:

»Ey, seid ihr vom Fernsehn?«

»Ja!«, ruft die junge Redakteurin schlagfertig zurück.

Kameramann Tobias rollt kurz mit den Augen, zündet sich eine Zigarette an und verschwindet für die nächsten drei Minuten in seiner Krafthöhle.

»Ey krass, Alter!«, schallt es uns abermals entgegen. »Und welcher Sender?«

Noch immer stehen wir mit Mikrofon, Stativ und Kamera vor dem silbergrauen Kleintransporter mit der ziemlich dicken Aufschrift RBB.

»Ey, die sind bestimmt von RTL!«

Ich wiederhole: Noch immer stehen wir mit Mikrofon, Stativ und Kamera vor dem silbergrauen Kleintransporter mit der sehr, sehr dicken Aufschrift RBB.

Dann doch noch eine bildungspolitische Überraschung: Ein zweiter mutiger Halbstarker schält sich aus dem kleinen Grüppchen heraus und brüllt zu uns herüber: »Das kommt bestimmt bei Günther Jauch!«

»Deine Mutter kommt bei Günther Jauch!«, flüstert die Tontechnikerin Katinka halblaut in die Runde, aber die junge Redakteurin vom RBB deutet uns pantomimisch an, meinen langjährigen Heimatkiez doch äußerst gerne *ohne* Stichwunden in Herzhöhe wieder verlassen zu wollen.

»Immer diese Vorurteile gegen Halbstarke!«, denke ich.

Nach diesem kleinen Intermezzo erübrigt sich die Frage, woher die junge Redakteurin die Ideen für ihre Fragen nimmt:

»Woher nehmen Sie eigentlich die Ideen für Ihre Texte?«

Mit welcher Geschwindigkeit ich mich wohl in das Mikrofon vor meiner Nase fallen lassen müsste, um einen schnellen Tod zu gewährleisten.

Dabei kann ich mich bei Frage Nummer vier eigentlich nicht beschweren.

»Wie viel von Ihren Geschichten ist eigentlich erfunden?«

»Ist doch eine gute Frage!«, denke ich. Eine sehr gute Frage. Analytisch, wissenschaftlich, direkt. Da zeigt sich doch, dass achtzehn Semester Vergleichende Literaturwissenschaften nicht ganz umsonst gewesen sind für die junge Frau vom RBB. Wer weiß? Hätte Anne Frank im hohen Alter vielleicht auch zu hören gekriegt, für ihren Zwei-Minuten-Beitrag im Abendprogramm eines Regionalsenders.

Frage Nummer fünf. Zu meiner nicht allzu großen Überraschung eine Folgefrage:

»Und wie viele von Ihren Geschichten haben Sie wirklich so erlebt?«

Katinka und Tobias schauen mitleidsvoll zu mir herüber.

Frage Nummer sechs. Metafrage. Zugegebenermaßen in dieser Form auch noch nie erlebt:

»Herr Bokowski, werden Sie eigentlich oft gefragt, ob man vom Schreiben leben kann?«

Zum Glück wird mir die Antwort auf dieses redaktionelle Prachtstück unerwartet abgenommen:

»225 Flaschen!«, schallt es plötzlich vom Balkon neben meiner Wohnung. Es ist der alte Klebnitz, der sich weit über die Brüstung gebeugt hat. »Wissen Sie, wie viele Flaschen ich jeden Monat sammeln muss? 225! 225 Flaschen! Für solche Fragen! 225 *gottverdammte* Flaschen!« Pantomimisch bedeute ich der jungen Redakteurin, doch bitte etwas leiser zu sprechen. »225 Flaschen! Nur wegen Hitler und Ihrer GEZ! Senden Sie das mal, junge Frau!«

»Kann ich Ihnen noch eine letzte Frage stellen?«, fragt mich die junge Frau vom RBB, als sich der Tumult aus dem dritten Stock zehn Minuten später allmählich gelegt hat.

»Na, ob Sie könn', weiß ich nich, Sie könn's aber gerne ma versuchen«, antworte ich.

»Was macht jemand wie Sie eigentlich, um auf andere Gedanken zu kommen?«

»'ne Menge!«, sage ich, reiche ihr die Hand zum Abschied, winke freundlich in die Runde und gehe gemächlich meines Weges. Der OBI-Baumarkt an der Voltastraße ist meine persönliche Krafthöhle. Immer wenn es mir schlecht geht, gehe ich dorthin. In Wirklichkeit oder in Gedanken.

Hinterhof, mon amour: Parship

Herta   Rita!

Rita   Ja, wat'n?

Herta   Komm doch ma' ans Fenster!

Rita   Jaja, wat is'n los?

Herta   Mensch Rita, wat treibste denn?

Rita   Ick mach jetzt Parship!

Herta   Wat machste?

Rita   Na, Parship! Kennste nich?

Herta   Nee!

Rita   Na, so Online-Dating!

Herta   Aha! Und? War schon wat Passendes dabei?

Rita   Nee, Herta. Die wolln nur alle ein' über die Wurst spannen.

Herta   Mensch Rita, in deinem Alter!

Rita	Jaja, ick lasses ja bleiben.
Herta	Und der Mann fürs Leben?
Rita	Ach Herta, alleene sein hat doch auch seine Vorteile.
Herta	Welche denn?
Rita	Na, alleine is' man viel weniger zusammen!

Der Letzte macht das Licht aus

Liebes Tagebuch,
heute ist der 15. März 2027. In bin noch immer 44 Jahre alt, und der Plötzensee hat angenehme zwanzig Grad. Justus hat mich gefragt, was eine *Plötze* ist. »Das war ein Fisch«, habe ich geantwortet. Einen Moment lang hat er auf das glitzernde Wasser gestarrt, dann hat er mich gefragt, was ein Fisch ist. Er solle ein bisschen plantschen gehen, habe ich geantwortet, und zur Abwechslung mal seinem anderen Papa auf die Nerven gehen. Ich habe den ganzen frühsommerlichen Nachmittag im Strandbad gelegen und an Fische gedacht. An nichts anderes. Nur noch an Fische. Besonders an Delfine.

16. März
Die Autokorrektur von Wikipedia hat mich heute Morgen auf unserem Badezimmerspiegel darauf aufmerksam gemacht, dass Delfine gar keine Fische waren. Ich vermisse sie trotzdem. Übrigens kann ich mich immer noch nicht an den Gedanken gewöhnen, dass Wikipedia einfach meine Tagebücher liest.

18. März
Justus hat sein Seepferdchen bestanden. Eigentlich wollte ich gestern Abend unbedingt noch einen Eintrag schreiben, aber Ikea hat das Update für unser Arbeitszimmer installiert. Nichts ist mehr, wo es vorher war! Gar nichts!

20. März
Langsam gewöhne ich mich an das neue Arbeitszimmer. Nur die Katze suchen wir immer noch!

21. März
Justus hat Geburtstag. Er ist jetzt sieben Jahre alt. Stephan und ich haben ihm eine Herde holografischer Minidelfine geschenkt, für die Badewanne. Wenn das so weitergeht, ist er bald das sauberste Kind der ganzen Nachbarschaft.

22. März
Es passieren schon ziemlich verrückte Dinge in der Zukunft: Ganz überraschend ist Hannah mit Mutter und Vater in einen Last-Minute-Strandurlaub gefahren! In die Niederlande! Der erste gemeinsame Urlaubstrip seit dem großen Eklat von Paris. So recht daran glauben kann ich aber nicht, dass meine Schwester nach vierzehn Jahren Abstinenz ihren Sinn für Familie wiederentdeckt hat. Meine Vermutung: Die will nur Tabak schmuggeln.

24. März
Stephan hat die Katze gefunden. Wie es scheint, brauchen wir eine neue.

25. März
Wir haben die Katze im Hinterhof begraben. Direkt neben dem Bioreaktor. Justus darf es nie erfahren.

26. März
Gestern Abend habe ich meinem Therapeuten von dem Missgeschick mit unserer Katze erzählt. Er hat mir angeboten, dass sein

Sohn uns eine neue klont. Der wäre schon in der Schule ziemlich gut in praktischer Genetik gewesen. Ich denke ernsthaft darüber nach.

28. März
Stephan und ich haben die ganze Wohnung nach ein paar Katzenhaaren abgesucht. Keine Chance. Unser osteuropäischer Haushaltsroboter ist einfach zu gründlich. Ich fürchte, das wird wohl nichts mit der neuen alten Katze. Ich wüsste nicht, wo wir jetzt noch eine DNA-Probe herbekommen sollten.

29. März
Wir haben die Katze wieder ausgegraben. Auch *das* darf Justus nie erfahren.

30. März
Stephan hat beim Sohn meines Therapeuten eine Klonkatze in Auftrag gegeben. Seit heute sind Hannah und die Eltern im Urlaub in den Niederlanden. Noch kann ich mir nicht vorstellen, dass die drei friedlich im Badeschlüpper am Strand liegen und sich die Sonne auf den Bauch scheinen lassen. Wenn das mal nicht in einer Katastrophe endet!

1. April
Liebes Tagebuch, die Niederlande werden evakuiert. Kein Scherz. Allem Anschein nach sind die elektromagnetischen Deiche bei Brügge, Rotterdam und Groningen gebrochen. Hannah und die Eltern sind wohlauf. Ich gehe zurück ins Bett. So wichtig sind mir die Niederlande auch wieder nicht.

2. April

Die Niederlande werden immer noch evakuiert. Justus ist begeistert. Stephan hat ihm beim Frühstück die Geschichte der versunkenen Stadt Antwerpen erzählt. König Willem-Alexander mahnt seine Nation zur Gelassenheit.

3. April

Ein denkwürdiges Datum: Die Niederlande sind nicht mehr. Willem-Alexander hat den Stadtstaat Maastricht ausgerufen. Deutlich mehr ist auch wirklich nicht mehr übrig. Duisburg hat jetzt Seeblick.

4. April

Hannah ist wieder in Berlin. Stephan ist außer sich vor Freude: Im Trubel der geopolitischen Katastrophe konnte mein Schwesterherz völlig unbemerkt vier Kilo Tabak über die Grenze schaffen. Wer hätte gedacht, dass nach fünfzig Jahren perfekter Integration doch noch die polnischen Gene in Erscheinung treten. Temperatur im Schatten: 28 Grad.

9. April

Die neue Katze ist fertig. Mit etwas Glück merkt Justus keinen Unterschied.

11.00 Uhr: Justus hat etwas gemerkt. Ich wusste nicht, dass Kinder so lang weinen können.

13.00 Uhr: Stephan und ich haben Justus die Sache mit der Klonkatze erklärt. Zu unserem Erstaunen ist er begeistert. Mussten ihm das Versprechen geben, nächste Woche mit ihm zur frühkindlichen Förderung in praktischer Genetik zu gehen.

10. April
Ich liebe die neue Katze! Zum ersten Mal seit Jahren bin ich morgens aufgestanden, *ohne* auf dem Weg ins Badezimmer in Katzenkotze zu treten. Was so ein biologischer Neustart alles möglich macht! Wir werden uns den Sohn meines Therapeuten wirklich warmhalten. Wer weiß, was uns mit Justus noch alles so blüht.

13. April
Stephan hat »ganz zufällig« meinen Eintrag über Justus gelesen. Seit zwei Nächten schlafe ich im Wohnzimmer. Stephan, wenn du das hier liest: Das mit Justus war ein Scherz!

16. April
Die Europäische Union hat Stromausfälle für die kommenden Tage angekündigt. War mir gar nicht klar, dass die EU so was überhaupt kann. Stephan hat mich gebeten, Kerzen zu kaufen. Was denn noch? Konserven einlagern? Falls der Russe kommt?

18. April
Stromausfall ist gut! Seit zwei Stunden geht nichts mehr! Hätte mir auch mal jemand sagen können, dass unsere Klospülung elektrisch funktioniert. Erst mal einen dicken Anschiss von Stephan kassiert, weil ich keine Kerzen gekauft habe. Aber Not macht erfinderisch: Seit 22.00 Uhr leuchtet das Wohnzimmer im fahlen Licht einer Herde holografischer Minidelfine.

19. April
Die Zeitungen sind voller Mutmaßungen und Halbwahrheiten. Angeblich hat es letzte Nacht in ganz Europa keinen Strom gegeben. Am Nachmittag vergeblich versucht, ein paar Kerzen zu erstehen.

20. April
Stromlos.

21. April
Die dritte stromlose Nacht in Folge!

22. April
Es ist Nacht, liebes Tagebuch, es ist 14.00 Uhr am Nachmittag und stockfinstere Nacht!

28. Juli
Justus ist seit einer Woche in der Grundschule. Um ehrlich zu sein vermisse ich ihn fürchterlich. Stephan findet das ein bisschen albern, kriegt aber jedes Mal das Heulen, wenn er die holografischen Minidelfine sieht.

29. Juli
Seit drei Minuten bin ich 45 Jahre alt. Ich wünsche mir ein bisschen Sonne zu meinem Geburtstag, aber eine Stunde Sonnenlicht kostet derzeit um die 13 000 Euro. Seit sechs Wochen liegen große Teile des Planeten in künstlicher Dunkelheit. Zum Zwecke einer globalen Abkühlung wurden die Polkappen, die Ozeane und zahlreiche andere unbesiedelte Flächen inklusive der Uckermark in ewige Nacht versenkt. Nachdem das Projekt zuerst von öffentlicher Hand getragen wurde, kümmert sich mittlerweile das Unternehmen *GoogleSun* um die Finanzierung. Jedem Staat, dem nach Sonnenlicht gelüstet, wird fortan ein stattlicher Obolus abverlangt. Berlin ist umgeben von brandenburgischem Dunkelland. Ein Hoch auf den Föderalismus!

21. August

Der Sohn meines Therapeuten hat ein biologisches Patent auf ein Rind angemeldet, das im Dunkeln leuchtet. Bevor das Jahr vorbei ist, wird er sich seinen Platz an der Sonne kaufen können.

25. August

Der Berliner Senat hat ein Minimum von fünf Sonnenstunden beschlossen. Wesentlich mehr kann sich diese Stadt nicht leisten. Die In-Bezirke Friedrichshain, Kreuzkölln, Marzahn und Oberschöneweide haben Beschwerde eingereicht. Temperatur im Schatten: fünfzehn Grad. Habe zum ersten Mal seit Jahren wieder lange Hosen an.

30. August

Der Preis für eine Stunde Sonnenlicht liegt aktuell bei 14 000 Euro. Beim Frühstück meinte Stephan, dass es mittlerweile einfacher sei, in die Vergangenheit zu reisen, als die Sonne noch umsonst war. Er solle nicht albern sein, habe ich gesagt, immerhin wisse er doch ganz genau, dass wir uns keine Zeitreise leisten können.

3. September

Der Berliner Senat hat den klagenden Bezirken ein Minimum von neun Sonnenstunden zugesprochen. Wer, bitte schön, soll das bezahlen?

12. September

Als erster Bezirk Berlins wird der Wedding in komplette Dunkelheit gehüllt. Reinickendorf und Lichtenberg sollen folgen. Bin ziemlich angepisst. Sieht aber keiner, ist ja dunkel!

17. Oktober

Die meisten Bewohner aus dem Vorderhaus sind mittlerweile ausgezogen. Nur bei Frau Schoblinsky im Seitenflügel brennt gelegentlich das Licht. Wintrichs aus dem Gartenhaus haben augenscheinlich angefangen, das Licht überhaupt nicht mehr auszumachen. Nicht einmal zum Beischlaf. Justus sitzt im Kinderzimmer auf der Fensterbank und weint ganz fürchterlich.

19. Oktober

Mutter hat uns ein Carepaket geschickt: Energiesparlampen, Bohnenkaffee und ein paar alte Jeanshosen meines Vaters. Außerdem, aus bisher ungeklärten Gründen, vier Paar Nylonstrumpfhosen. Stephan hat eine der alten Hosen meines Vaters anprobiert und zu seinem Erschrecken festgestellt, dass sie ihm bestens passen. Seitdem sitzt er im Schlafzimmer auf der Fensterbank und weint ganz fürchterlich.

27. Oktober

Mutter hat angerufen und gefragt, ob wir Justus nicht in die Kinderlandverschickung geben wollen. Was denkt diese Frau sich eigentlich? Wir leben doch nicht im Mittelalter.

30. Oktober

Schlechte Neuigkeiten: Unser Hausarzt Doktor Meyer hat bei Justus Rachitis diagnostiziert. Anscheinend leben wir *doch* im Mittelalter. Unser Sohn bekommt jetzt Vitaminpräparate gegen die Mangelerscheinungen und Tagesausflüge in den Friedrichshain gegen die vornehme Blässe.

9. November
Zehn Wochen komplette Dunkelheit. Wir haben beschlossen, Justus zu meinen Eltern zu schicken und die Katze in die Kinderlandverschickung. Einer Aussage des Quartiermanagements zufolge sind 97% der Weddinger für die Wiederbeleuchtung des Bezirks. Laut BZ sind 82% aller Berliner eindeutig dagegen.

12. Dezember
Justus ist zurück aus good old sunny Rheinland-Pfalz. Er hat einen hässlichen neuen Haarschnitt, einen leichten Sonnenbrand und einen schlesischen Einschlag in der Stimme. Die Berliner Verkehrsbetriebe haben beschlossen, den U-Bahn-Verkehr auf der U6 nördlich des S-Bahn-Rings einzustellen. Seit gestern ist unser U-Bahnhof ein Geisterbahnhof. Nicht zum ersten Mal hat Stephan den eindringlichen Wunsch geäußert umzuziehen. Wie jedes Mal, wenn diese Thematik auf den Tisch kommt, haben wir uns fürchterlich gestritten.

14. Dezember
Der Sohn meines Therapeuten hat es mit seinen fluoreszierenden Rindern zu einem beträchtlichen Vermögen gebracht. Er hat seinem Vater eine Zeitreise ins Mesozoikum spendiert. Bis auf Weiteres bin ich von jeder therapeutischen Versorgung abgeschnitten. Und das jetzt, wo wir ein Kind mit schlesischem Akzent im Haus haben.

19. Dezember
Stephan ist ausgezogen. Er und Justus wohnen vorübergehend in Stephans Praxis am Kudamm. Justus hat mir seine holografischen Minidelfine dagelassen. Ich vermisse ihn. Sie beide.

22. Dezember

Seit nunmehr drei Monaten liegt der Wedding in komplet-
ter Dunkelheit. Kein einziges Fenster in unserer Straße leuchtet
mehr. Sogar Wintrichs sind längst ausgezogen. Ich würde mir für
Heiligabend ein bisschen Schnee und Sonne wünschen. Aber eine
Stunde Sonnenlicht kostet derzeit 16 000 Euro, und geschneit, liebes Tagebuch, hat es schon lange nicht mehr.

Episch geht die Welt zugrunde

Liebes Produktionsteam der Mediengruppe RTL,
vor wenigen Wochen kam ich in den Genuss, Ihre letztjährige
Megaproduktion *Helden – Wenn dein Land dich braucht* sehen zu
dürfen. Nach meinen Recherchen mit knapp acht Millionen Euro
Produktionskosten eine der teuersten deutschen Fernsehproduktionen aller Zeiten. Zwar mag es an meiner krankheitsbedingten Körpertemperatur von ca. 41,4° Celsius gelegen haben, aber
der von Ihnen erdachte, produzierte und mit deutschen TV-Stars
durchtränkte Blockbuster hat mich zutiefst begeistert und einen
mehr als bleibenden Eindruck hinterlassen. Sollte in Ihrem Produktionsteam jemals eine Autorenstelle vakant werden, möchte
ich mich mit diesem Schreiben als möglichen Nachfolger ins Gespräch bringen.
Um meine kreativen Fähigkeiten angemessen zu verdeutlichen,
war ich so frei, dem völlig unveränderten Original-Pressetext
Ihres Actionfilms *(kursiv)* meine eigenen Ideen (nicht kursiv) hinzuzufügen.
Ich freue mich sehr darauf, von Ihnen zu hören.
Hochachtungsvoll
Ihr Paul Bokowski

*Auf der brandenburgischen Gurkenfarm der Galitzki-Brüder Sascha
und Rico ist die Ernte in vollem Gange, als urplötzlich ein Himmelskörper angerast kommt und mit gewaltiger Wucht einschlägt.*

Aus den Trümmern des einstigen Familienunternehmens steigen Sascha, Rico und der polnische Gastarbeiter Zbigniew. Den drei Männern, gespielt von Heiner Lauterbach, Jan Josef Liefers und dem polnischen Gastarbeiter Zbigniew, bietet sich ein Bild der Verwüstung.

Gleichzeitig zerstört ein herabstürzender Satellit den Berliner Reichstag und hinterlässt im Herzen der Hauptstadt ein schreckliches Bild der Verwüstung. Marc Weber und sein Kollege Oktay eilen sofort zur Unglücksstelle, um den Verletzten zu helfen.

Da die U-Bahn-Linie U6 allerdings durch Pendelverkehr und Ersatzbusse unterbrochen ist, brauchen die beiden Weddinger über drei Stunden, um die Ruinen des ehemaligen Regierungsviertels zu erreichen. Nur EIN Politiker hat das Unglück überlebt. Mit vereinten Kräften bergen sie Hans-Christian Ströbele, gespielt von Moritz Bleibtreu, aus den Trümmern. Er berichtet ihnen mit letzter Kraft und schwacher Stimme von einem geheimen Nazischatz, versteckt in den Geschäftsräumen der ehemaligen FDP-Zentrale Reinhardtstraße.

Beim Institut für Raumfahrt-, Satelliten- und Flugzeugforschung gibt derweil die junge Wissenschaftlerin Sophie Ritter Wetterdaten für den Flugverkehr ein, als sie auf ihrem Monitor starke Gravitationsveränderungen bemerkt – Ausgangspunkt ist Genf.

Lange Zeit wurde die Anschaffung einer Gravitations-App heftig kritisiert. Besonders die unverhältnismäßigen Kosten von 260 Millionen Euro schienen angesichts der Tatsache, dass die Gravitation in Deutschland in den letzten 4,5 Milliarden Jahren annähernd konstant geblieben war, ungerechtfertigt. Dabei hatte Projektleiter Thomas de Maizière die Entwicklung vehement verteidigt. Er sollte seinen unerwarteten Triumph nicht mehr miterleben. Auch er ist durch den Satelliteneinschlag im Berliner Reichstag ums Leben gekommen.

Sophie Ritter hat unterdessen einen furchtbaren Verdacht. Sie arbeitete bis vor Kurzem als wissenschaftliche Mitarbeiterin im Collider Forschungsprojekt in Genf. In ihrer Doktorarbeit hatte sie gezeigt, dass unter bestimmten Bedingungen auch stabile Schwarze Löcher bei der Teilchenkollision entstehen können. Von anderen Wissenschaftlern wurde sie dafür als »Spinnerin« bezeichnet, woraufhin sie das Projekt verließ.

Sophie Ritter hat einen zweiten furchtbaren Verdacht. Sie arbeitete bis vor Kurzem als wissenschaftliche Mitarbeiterin im Genfer Zoo. In ihrer Doktorarbeit hatte sie gezeigt, dass unter bestimmten Bedingungen auch Schabrackentapire, der gemeine Weiße Hai und der rechtsgesinnte Tierpfleger Horst-Jimmy Schicklgruber stabile Nachkommen zeugen können. Von anderen Wissenschaftlern wurde sie dafür als »Spinnerin« bezeichnet, woraufhin sie den Zoo verließ.

In Genf macht eine Kindergartengruppe einen Ausflug ins Forschungszentrum des Teilchenbeschleunigers, wo Projektleiter Prof. Dr. Karl Loiser und sein Team von Wissenschaftlern aus aller Welt bereits seit den frühen Morgenstunden den Beschleunigerring sukzessive hochfahren.

Der Kindergartenpraktikant Paul B., gespielt von Matthias Schweighöfer, hatte lange gegen diesen Ausflug protestiert. Seiner Meinung nach war das Thema »Teilchenbeschleuniger« ein wenig zu komplex, um von seinen Zöglingen im Alter zwischen zwei und fünf Jahren vollständig erfasst werden zu können. Aber wie schon bei der Stasi-Gedenkstätte Hohenschönhausen, dem Freimaurermuseum Bayreuth und der Rainer-Werner-Fassbinder-Retrospektive hatten sich die Eltern aus dem Prenzlauer Berg in den Erziehungsfragen ihrer Kinder durchgesetzt. Durch den Verkauf hausgemachter Backwaren konnte das notwendige Geld für den Wandertag Berlin-Genf überraschend schnell zusammengetragen werden.

Auf dem Höhepunkt des Experiments zerstört eine ungeheure Explosion das Kontrollzentrum.

Dabei hatte die fünfjährige Karlotta-Josefine aus der Schönhauser Allee den Projektleiter rechtzeitig gewarnt.

Vor den Augen der entsetzten Wissenschaftler ist das schier Unmögliche eingetreten: Die Teilchenkollision hat ein stabiles Schwarzes Loch erzeugt. Mit letzter Kraft können sich Loiser, sein Team und die Kindergartentruppe in einen Vorraum retten und die Sicherheitsschleusen schließen.

In Brandenburg ziehen die Galitzki-Brüder Sascha und Rico bittere Bilanz. Der Einschlag des gewaltigen Himmelskörpers hat das familiäre Gurkenimperium zu Fall gebracht. Über Facebook und Twitter verbreitet sich die Hiobsbotschaft aus dem Spreewald wie ein Lauffeuer. Die Börsen in Frankfurt, New York und Tokio brechen ein. Aber auch menschliche Verluste sind zu beklagen: 91 polnische Gastarbeiter sind durch umherfliegende Salatgurken umgekommen. In Anbetracht seiner tödlich verwundeten Landsleute wendet sich der zutiefst religiöse polnische Gastarbeiter Zbigniew von Gott und Gurken ab.

Derweil hat die Wucht der Explosion das unterirdische Forschungszentrum Genf vollständig verschüttet. Loiser, sein Team und die Kinder sitzen 16 Etagen unter der Erde fest – in unmittelbarer Nähe zu einem Schwarzen Loch.

Zu allem Überfluss müssen sechs der fünfzehn Kinder groß. Kurz bevor die von Rohkost, Dinkelkeksen und Sojakakao geblähten Kinderdärme zu detonieren drohen, entwickeln Prof. Dr. Loiser, Paul B. und die fünfjährige Karlotta-Josefine den waghalsigen Plan, die sechs betroffenen Kinder einfach direkt in den Ereignishorizont des Schwarzen Loches abstuhlen zu lassen.

Im Land herrschen chaotische Zustände. Sophie eilt ins Bundeskanzleramt. Dort wartet bereits der Kanzler auf ihre Einschätzung der Katastrophe. Gerade als Sophie dem Kanzler ihre Theorie über das Schwarze Loch erklärt, stürzen bereits die ersten Flugzeuge vom Himmel. Doch das ist erst der Anfang. In Sophies Berechnungen kommt es in Kürze zu einer EMP-Welle, die alle elektronischen Bauteile auf der ganzen Welt zerstören wird. Das Ende jeder Kommunikation und Fortbewegung.

An dieser Stelle sehen wir, wie sich der passionierte Fahrradfahrer und Grünenpolitiker der ersten Stunde Hans-Christian Ströbele ins Fäustchen lacht.

Kurz darauf führt das Schwarze Loch zu massiven Verschiebungen der Erdplatten, es drohen Beben und Verwerfungen in verheerendem Ausmaß. Wenn der drohende Weltuntergang verhindert werden soll, dann muss die Anlage in Genf kontrolliert heruntergefahren werden. Es stellt sich heraus, dass die Abbruchsequenz auf dem externen Rechner eines jungen, rebellischen Hackers gespeichert ist. Dass es sich bei diesem jungen, rebellischen Hacker um…

… den polnischen Gastarbeiter Zbigniew…

… handelt, ahnt zu diesem Zeitpunkt niemand. Für den Bundeskanzler gibt es nur eine Lösung: Sophie soll schnellstmöglich den Abschaltcode besorgen. Um das außer Kontrolle geratene Projekt zu stoppen und der geplanten atomaren Bombardierung Genfs zuvorzukommen, macht sich Sophie auf den Weg quer durch das Land.

Also von Deutschland in die Schweiz.

Bei ihrer lebensgefährlichen Mission trifft sie auf ihren Exfreund Marc…

… aber auch auf ihre ehemaligen Bumsfreunde Sascha, Rico, Zbigniew, Oktay und den rechtsextremen Horst-Jimmy, mit dem sie im Angesicht des nahenden Weltuntergangs eine letzte leidenschaftliche Nacht verbringt.

Ein waghalsiges Abenteuer beginnt und ein spannender Wettlauf gegen die Zeit.

Nach nur 140 Minuten rettet übrigens die fünfjährige Karlotta-Josefine die Welt, weil sie frühkindliche Förderung in praktischer Teilchenphysik bekommen hat. Und nach dem Abspann sieht man noch, wie im Bauch von Sophie Ritter ein rechtsextremes Schabrackentapirhaifischbaby heranwächst. Wenn das nicht nach einer Fortsetzung schreit! Demnächst bei RTL!

Dank

Ein Großteil der Geschichten dieses Buches entstand für meine regelmäßigen Lesebühnen »*Brauseboys*« und »*Fuchs & Söhne*«. Ohne die direkte oder indirekte Unterstützung meiner Kollegen Kirsten Fuchs, André Herrmann, Sebastian Lehmann, Robert Rescue, Frank Sorge, Volker Surmann und Heiko Werning gäbe es dieses Buch nicht. Ihnen gilt mein größter Dank.

Alleine ist man weniger zusammen ist nicht nur der Titel dieses Buches. Auch der Berliner Singer und Songwriter *Jan von Im Ich* hat eine CD veröffentlicht, die ganz zufällig den gleichen Namen trägt wie diese Kurzgeschichtensammlung. Seine beeindruckend schöne Platte sei an dieser Stelle aufs Dringlichste empfohlen!